Kim Moses

Leben zwischen Sein und Schein

Bildband

Mauer Verlag
Wilfried Kriese
72108 Rottenburg a/N
Buchgestaltung: Wilfried Kriese
Titelbild: Kim Moses
Zeichnungen / Bilder: Kim Moses
2008
ISBN 978-3-86812-147-6

www.mauerverlag.de

Inhalt

Der Autor 9

Einführungstext 11

Einen Schuss weg? 14

Michaelmania 15

Elf Uhr abends 19

Klappe 21

Nur die Ruhe 23

Aphrodite 25

Arbre Solitaire 27

Mondenschein 30

Eine Geschichte 32

Das Götterhaus 35

Seite einläuten 38

Schlusswort 41

Der Autor

Der Autor und Kunstmaler Kim Moses stellt sich auf seine eigene Weise vor, hört selbst was er zu sagen hat: { Seit ich malen kann also schon als kleiner Bub stellte ich mir die Welt so vor, dass ich einen Regenbogen zeichnete welcher die ganze Erde umkreisen sollte und somit alle Menschen erreichen würde. Und seit meiner Geburt, dem 27. Juli 1948 hat sich nichts geändert im Bereich Träumen, denn ich hatte und habe nie vor nur im Universum oder nur auf der Erde in Gedanken zu sein, nein ich möchte einfach zwischen diesen zwei Welten schweben als könnte nichts auf dieser Welt ein Wässerchen trüben.
Ich male eigentlich nicht wirklich sondern lebe meine wunderbaren Farben welche wie von Zauberhand zu eindrucksvollen Bildern werden wie ein Hauch des Atems.
Am Anfang eines Gedankens oder Geschichte hat man immer zuerst nur leere Blätter vor sich und wenn ihr wissen wollt was daraus geworden ist, dann öffnet das Buch und taucht ein in meine eigene Welt}.

Einführungstext

Nun habe ich alles zusammen getragen was ich je gemalt und gezeichnet habe seit den siebziger Jahren. Alle Werke ergeben einen wahren Augenöffner, ganz ausser Frage, oder bin nur einzig ich der dies so sieht? As if it were as easy as that heisst auf Deutsch, als ob das so einfach wäre. Ja was will ich denn damit sagen? Bis jetzt war und bleibt es auch immer noch ein grosses Geheimnis wie man berühmt werden kann. Ja aber ist es denn so wichtig, berühmt zu werden und zu sein? Ich glaube, manchmal drehe ich mich einfach im Kreis herum oder stehe auf einer Rolltreppe welche unentwegt läuft und läuft und im Nichts weiterläuft und nicht zu stoppen ist, hinauf geht bis zum Berg der Glückseligkeit und des Triumphes. Habe ich die richtige Abzweigung auf meinem Lebensweg verpasst? Nur noch etwas Geduld, wenn ich bitten darf, flüstert es leise in mein Ohr.

Manchmal kommt es mir vor als weiss ich nicht mehr so genau ob ich noch lebe, tagträume oder ganz einfach nur Sklave meiner eigenen Wünsche und Vorstellungen geworden bin. Sklave, wobei ich doch ganz in meiner Vielfalt meiner Farben aufgehe wann immer ich kann.

Na ja, wenn ich es so überlege wie die Menschen, welche meine Bilder betrachten, ihre Arme kreuzen, die Beine aneinander pressen und nur ein (oh wie schön) über die Lippen bringen dann belustigt und amüsiert es mich ausserordentlich und ich spüre, dass ich wahrgenommen werde. Die Zeiten sind vorbei, wo ich mit meinem blanken Hintern die Leute in Aufregung versetzen könnte, auch wenn meiner heute noch so zart wie ein Pfirsich geblieben ist.

Vieles habe ich dargestellt und hat mich inspiriert und begleitet mich heute noch wie Heintje und viele andere Stars und Künstler. Auch das Zirkusfieber steckte mich an. Auch

Salvador Dali, der grosse spanische Meister der surrealen Malerei, welchen ich heute noch immer sehr verehre hatte mich stets inspiriert und mich zu Höchstleistungen angespornt. Auch Lord of the Rings hatte mich über drei Jahre voll in seinen Bann gezogen. Auch verstand und verstehe ich es noch heute mich im Science Fictionbereich und dem Surrealismus zu bewegen. Aber so intensiv und wie ein Blitz aus heiterem Himmel wie bei Michael Jackson, welchen ich so während 12 Jahren malte und zeichnete, mit solch einer Leidenschaft und Hingabe, welche schon fast zu einer Besessenheit ausartete, so etwas gab es bei mir nie wieder. Und doch könnte man meinen und dürfte man langsam erwarten können, dass die Menschen wenn sie meine Bilder betrachten auch mal einen Freudenschrei ausstossen. Aber nichts ist bis heute geschehen was man als aussergewöhnlichen, explosionsartigen Durchbruch bezeichnen könnte. Aber all dies ist nicht mehr so wichtig wenn man weiss, dass irgendwo eine liebe Frau an mich denkt wie Katja, welcher ich im Jahr 2002 begegnete in Cadaqués/ Espanya, zufällig, oder war es Bestimmung? Der Gedanke, diese wunderbare Frau wieder bald einmal sehen zu können beflügelt mich auch bei meiner meditativen täglichen Arbeit und gibt mir stets neue Kraft im Schöpferischen.

Habe ich alles ausgeschöpft? Ich habe zwar vieles, also fast alles gesehen, was die Menschen so treiben und lieben. Ja aber was treiben sie denn eigentlich so? Habe ich etwas ausser acht gelassen? Aha, ach so, die Menschen haben ja einen Kopf zum denken. Vielleicht erlöse ich ja mit meinen ruhigen Bildern bis hin zur tobenden See alle von ihrem müden Lächeln und aktiviere alle und vernehme vielleicht mal ein schreien und höre vielleicht so etwas heraus wie eine Spur von Euphorie?

Die Menschheit von heute lebt zwischen Sein und Schein.

Es gibt viele intelligente und kreative Menschen auf dieser Welt, aber es gibt auch viele welche sich verrückt machen und durch das ganze Leben eilen wie ein Schnellzug und nichts sehen, obwohl sie jeden Fleck dieser Erde besucht und darauf ihre Spuren hinterlassen haben.
Ich werde die Welt zeit meines Lebens nie vom Liegestuhl aus betrachten, sie aber stets beobachten wie mit Adleraugen und meinem Herzen. Ich hoffe mit meinem Gesamtwerk, meinem Lebenswerk Aufschluss über den Sinn und Unsinn des Lebens zu geben, denn eigentlich ist das Leben ja schön und voller Träume.

Einen Schuss weg?

Nach diesem Einführungstext denkt ihr wohl ich hätte einen Schuss weg, oder? Nein, da kann ich euch beruhigen, denn ich bin bei vollem Verstand, denn die gewählten Wörter sind alle aus dem reichhaltigen Wortschatz aus 80›000 Wörtern heraus entnommen. Warum sollte ich nicht davon Gebrauch machen?

Als Künstler habe ich die Gabe alles ein bisschen intensiver zu sehen und zu erleben. Die Bildsprache und der Text sind nicht immer eins miteinander, aber eng verbunden. Oft ist es so, dass dies was ich sehe ich selbst nicht zu beschreiben vermag, weil man gewisse Dinge und Begebenheiten weder in Worte, noch in eine unserer Sprachen übersetzen könnte.

Aber sehen die Leute überhaupt auch das was ich sehe. Stellt euch vor, ihr würdet stets immer nur im Nebeltal verweilen und wie schön es doch wäre, einen Blick oberhalb der Nebeldecke zu riskieren und im sanften blau des Himmels einzutauchen und zu versinken.

Das wäre doch mal was ganz anderes was den Geist erfrischen und beleben würde. Und die Sonne blendet, aber dennoch ist sie wunderschön und breitet ihre Strahlen wie zwei Arme über die ganze Welt und wärmt sie, beleuchtet sie mit ihrem ganzen Licht. Ja, liebe Menschen, wann habt ihr euch zum letzten Mal bei der Sonne bedankt? Mal ganz ehrlich, ohne Sonne gäbe es keine Farben, denn man würde sie nicht sehen können. Erst durch das Licht können wir die Welt in ihrer ganzen Pracht sehen und einatmen und in unserem Gedächtnis speichern und in dunklen Phasen und Stunden stets wieder griffbereit abrufen und hervor zaubern zu unserem Wohlbefinden.

Michaelmania

Ein Konzert steht bevor und ich renne auf Teufel komm raus mit ein paar Fans wie eine losgelassene Büffelherde, schnaubend, keuchend und schwitzend, um ganz vorne bei der Bühne zu sein. Es ist sehr heiss an diesem Vorsommertag und es wird noch heisser, denn die Stimmung steigt und es knistert voller Spannung inmitten von 72›000 Fans. Einige fallen schon um, nicht nur wegen der Hitze, etwa 32° im Stadion, sondern weil sich der Vorhang vor der Bühne ein wenig bewegte, obwohl kein einziges Lüftchen wehte.
Welcher Star vermag solch eine Energie bis in den letzten hintersten Winkel zu versprühen, sodass er abertausende, egal ob jung oder alt vor lauter Spannung erzittern lässt? Was für eine Magie, welche jetzt urplötzlich auch mich erreicht hat. Es geht mir durch Mark und Bein, denn dieses Gefühl ist absolut neu für mich, ja es fasziniert mich aber zur selben Zeit beängstigt es mich auch ein wenig. Der Vorhang geht auf, aber keine Musik ertönt. Was ist los? Fragende Gesichter überall. Träumen wir alle ganz einfach nur? Gerade in diesem Moment füllt sich die ganze, immens grosse Bühne mit Nebel und wird bald von einem blauen Laserlicht angestrahlt. In diesem Moment wusste ich wirklich nicht mehr was weiter offen stand, meine Augen oder war es mein Mund. So weit offen, da hätte glatt das ganze Stadion Platz darin gehabt. Und nun ein dumpfes bom, bom, bom, der tiefe Ton einer Bassgitarre. Dann gesellte sich ein wildes Stakkato, brachial einer E-Gitarre dazu und es wurde lauter und lauter und dann, und dann und d...? Neben mir schreit ein Fan ganz aufgeregt, ich glaube ich werde gleich in Ohnmacht fallen. Nur das nicht. Ich lächle ihn an obwohl auch ich in diesem Moment mir nicht mehr so sicher über meine Gefühle bin welche zurzeit Achterbahn mit mir fahren.

Ich habe Schweissperlen an der Stirne und auch ich kann meine Aufregung nicht mehr verbergen. Und dann, wie aus heiterem Himmel ganz überraschend ein grelles Licht, ein fürchterlicher Knall und ich kann meinen Mund nicht mehr unter Kontrolle halten, denn ich schreie lauthals in die Menge: Er ist es, er ist es. Und auch das ganze Stadion tobt und ruft immer wieder den Namen Michael.
Wahrhaftig, es ist Michael Jackson, majestätisch wie ein Wesen von einem anderen Stern. Diese Magie und ich werde wie von Sinnen, als Michael eine Handbewegung macht, seine Brille langsam von seinem Gesicht schiebt und sein betörender Blick zum Vorschein kommt. Dann fängt sein erster Song an, beginnend mit Jam. Wie ein ferngesteuerter Roboter bewegt er sich, einfach genial und unglaublich. Jeder weitere Song riss einen einfach mit.
Dann der grosse Moment für ein etwa zwölfjähriges Mädchen. Es wird auf die Bühne begleitet und tanzt nun einige Schritte mit Michael zum Song (She's out of my life). Es weint vor Glück und ihre Augen glänzen wie zwei Kerzenlichter. Wieder bei uns in der ersten Reihe angelangt, steht es da, dieses kleine Mädchen von vorhin, wie verwandelt, verträumt, weinend und lachend abwechselnd, ist überglücklich aber auch etwas verwirrt. War dieser einmalige kurze Auftritt zu viel für dieses kleine Herz? Es zittert und lehnt sich dabei an mich. Sie möchte zu den anderen Fans, klebt aber an mir. An was mag dies wohl liegen? Erst jetzt bemerke und sehe ich, dass es klatschnass vor Aufregung geworden ist. Behutsam trenne ich es von mir und es wird sogleich von ihren herbei geeilten Freunden getröstet, welche es in ihre Arme schliessen und zusammen den Rest des Konzerts geniessen und erleben.
Das ist Magie, das ist Michael Jackson. Aber Michael ist

noch viel mehr als ein begnadeter Sänger und atemberaubender Tänzer.
Viel wurde und wird auch heute noch über ihn geschrieben, aber nicht 30% von all dem geschriebenen ist war. Mit diesem Konzerterlebnis zeigte ich euch wie ich Michael erlebt habe und genau so erging es abertausenden Fans, ein Kribbeln durch den ganzen Körper.
Geschichten aber auch Lügen kann man erfinden, aber Michael aus der Sicht von Fans ist nicht trügerisch wenn sie sagen: Er ist so wie er ist. Ja wie ist er denn eigentlich? Dumme Frage, raunt mir jemand zu. Von einem Jugendlichen hätte ich ja dies noch abgenommen, aber von einem Erwachsenen, vielleicht fest gefahrenen? Oh nein, gebe ich zurück, dies ist eine berechtigte Frage, denn habt ihr bei all seinen Konzerten geschlafen und seine in seiner Musik eingebetteten Botschaften ignoriert, weil ihr seine Worte nicht hören wolltet, welche uns alle angehen?
Ich kriege noch heute eine Gänsehaut und es friert mich wenn ich den Earth Song, She›s out of my life, Childhood und Gone too soon höre. Und es reisst mich heute noch vom Hocker wenn Billie

Jean, Give in to me, Beat it, Man in the mirror, Don›t care about us, Black or white und dirty diana laut ertönen. Aber mein Lieblingssong ist und bleibt halt immer noch Will you be there? Und diese Schritte, als würde Michael über die Bühne gleiten und schweben.
Ich habe 12 Jahre lang Michael Jackson gemalt und gezeichnet, aber eigentlich habe ich ihn gelebt, ohne ihn danach zu fragen oder ihn darum zu bitten, denn mit diesen Kreationen trug auch ich meinen Teil an unsere Welt bei, einer gerechteren Welt. Können alle Menschen Michael direkt in die Augen sehen? Ja, aber nur wenn er seine verspiegelte Brille trägt.

Machen wir uns nichts vor und warten nicht auf allzu grosse Wunder. Michael hatte gegeben wo er nur konnte, ohne dafür ein Dankeschön zu erhalten. Denkt ja nicht, dass Michael bald wieder Geld ausschütten wird, denn er gab und gab, und wurde ausgepresst wie eine Zitrone.
Dies könnt ihr Euch abschminken, denn jetzt seid ihr dran, euch an dieser Welt positiv zu beteiligen. Meine Geschichte über Michael ist in all meine Bilder geschrieben und ich werde immer stolz den Namen Michael in mir tragen, denn wenn einer es verdient geliebt zu werden, dann ist er es.

Elf Uhr abends

Gerade habe ich soeben den Computer abgeschaltet und heruntergefahren. Heruntergefahren, aber ich bin noch hellwach und starte erneut, um mich wieder in die Tasten rein zu hauen. Ich könnte beinahe als Klavierspieler durchgehen wenn ich ab und zu auf meine Finger schaue, wie sie tanzend über die Tastatur hüpfen. Aber sie geben keinen Laut von sich, denn es ist elf Uhr abends und Freitag. Es ist kein besonderer Freitag, aber ich geniesse diese Stille und stehe mal kurz auf um nach draussen zu sehen. Es ist dunkel und nur ein paar Lichter sind an welche lieblich aus ein paar Fenstern strahlen. Man kann die Sterne nicht sehen, denn es rieselt ganz leise der Schnee. Ich setze mich wieder hin und lausche ganz einfach so vor mich hin und geniesse diese Stille. Ich bin aber nicht ganz allein, denn in Gedanken bin ich bei den zwei kleinen Häschen (Mädchen), welche jetzt sicher ganz tief schlafen oder in süssen Träumen eingebettet sind, genau in diesem Augenblick. Was mögen sie in diesem Moment wohl träumen? Meine Finger halten kurz inne, ehe sie wieder munter weiter auf den Tasten fröhlich herum klimpern, das was man wohl schreiben nennt. Mein Atem ist ruhig und so mancherlei geht mir so durch den Kopf, was ich so heute alles gemacht habe.

Ihr hättet mich heute sehen sollen wie ich am Boden gekniet war. Ja was schaut ihr mich denn so mit ungläubigen Augen an? Katholisch? Ach nein, ich zog es einfach vor mich in der bequemsten Art auf meine Arbeit vorzubereiten, denn diese eine Position erlaubte es mir, entspannt zu arbeiten. Arbeit, Position, nennt man dies neuerdings arbeiten? Ich arbeite im stehen, ruft jemand, und ein anderer: und ich arbeite im schlafen. Hi, hi, hi, mach es nicht so spannend. Spannend, wohl eher nicht. Ich war beim Photografen im Atelier, welcher mir meine Zeichnungen photographierte. Und da ich zum hinlegen der einzelnen Zeichnungen nicht immer aufstehen konnte, sondern mich auch ein bisschen beeilen musste, wendete ich die Blätter auf dem Boden und stand erst wieder auf, als alle über hundert Zeichnungen photographiert waren, kapiert? Nun freue ich mich darauf, meine Zeichnungen und Bilder bald auf CD-Rom sehen zu können, welche dann für mein Buch gebraucht werden.

Und während ich so schreibe, habe ich schon wieder neue Ideen für neue Bilder. Bald werde ich wieder Farbe mischen und meine Pinsel eintauchen um eine farbige Welt entstehen zu lassen. Aber bis es soweit ist, werde ich mal eine Runde schlafen in meinem alten, gefederten aber wohligen Bett, auch wenn es manchmal knattert und sich die Bettstatt aneinander reiben mag wie ein leises knirschen mit den Zähnen.

Klappe

Ich tippe einige Sätze auf meinem Notebook, aber dennoch weiss ich im Moment weder ob ich schreibe noch was ich schreibe. Ich glaube ich habe einen Black out. Und mein Computer starrt mich auch noch die ganze Zeit an. Was willst du von mir? Er antwortet mir nicht. Also halt die Klappe. So ist es richtig, denn ab jetzt sind wieder meine Lebensgeister neu zum Leben erwacht. Ist doch toll wenn jemand, und sei es auch nur ein Computer die ganze Zeit die Klappe halten kann, keine Fragen stellen mag, nicht spricht, nicht antwortet und nicht herummeckert.

Die ausdrucksstärkste Sprache der Welt sind für mich die blühenden Phantasien welche in meinen Bildern klar zum Ausdruck kommen, denn sie sind es welche jegliche Sprachen in den Schatten stellen, denn meistens hört sich das Gerede der Menschen ganz einfach als bla bla bla an. Es ist doch sonnenklar in welcher Zeit wir jetzt gerade leben, nämlich im Zeitalter des goldenen Zeitalters der Technik, der Liebe zwischen allen Herren Länder, dem Verständnis aller Kulturen. Oh, pardon, dies hätte ich vielleicht nicht sagen sollen, denn es waren lediglich vielleicht ein paar Wunschvorstellungen welche sich in mein Hirn eingeschleust hatten. Und doch könnte dies der Anfang, ja sogar der Schlüssel zu einer liebevollen Welt sein, wären da nicht noch diese Wilden. Ja was denn für Wilde werdet ihr euch fragen. Ihr wisst es nicht? Ja ich meine hier ganz einfach jene welche um das goldene Kalb tanzen, kreisend, wild mit erhobenen Händen, als würde es gleich tonnenweise Geld und Glück vom Himmel regnen. Sie schreien wild durcheinander und doch denkt jeder, er sei allein und ziehe nun das grosse Los. Was für ein Spektakel. Jeder sollte sich mal im Spiegel betrachten können.

Dieser Gedanke gefällt mir und treibt mich wie eine Maschi-

ne an welche läuft und läuft und mich beflügeln wird im Jetzt und in der Zukunft, denn schliesslich bin ich es welcher euch die Augen öffnet. Durch meine Bilder werdet ihr ein anderer Mensch, nicht besser, aber doch ein kleines bisschen mehr, von Tag zu Tag und ein bisschen dankbar sein, denn schliesslich bin ich es welcher euch die Augen öffnet.
Es bleibt jeden Tag genügend Zeit, um sich etwas auszuruhen und sei es nur für eine Weile in dem Sternenhimmel seinen Frieden zu haben, da zu sitzen und Wünsche hinauf zu senden oder vielleicht dem Mond seine Gedanken und kleinen Sorgen anzuvertrauen. Und wenn die Augen müder werden sollte man den Tag hinter sich lassen können wie ein guter Freund um sich beim ersten Sonnenstrahl wieder begegnen zu dürfen.

Nur die Ruhe

Eingerostet oder was soll dies schon wieder fragt ihr euch sicher. Was will dieser Autor uns diesmal sagen? Nehmt es nicht zu persönlich, aber bei jedem von euch knackt und schleift und kracht es mal früher oder später in den Gliedern und Knochen. Ja, warum glotzt ihr mich denn so an? Ja auch ich fühle mich manchmal am frühen Morgen wie eingerostet, sodass ich manchmal nicht mehr so sicher bin ob da gerade meine Bettstatt oder meine Kochen geknackt haben. Und ihr findet dies auch noch lustig. Wartet nur bis ihr so alt seid wie ich und ihr euch kaum noch bewegen könnt, damit ich auch mal etwas zu lachen habe, ha ha. Andererseits ist mein Geist immer noch blutjung, so etwa fünfzehn Jahre jung und manchmal auch noch übermütig, überschäumend, pubertierend. Aber dies spielt sich alles nur in meinem Kopf ab, welcher scheinbar ruhig auf meinen Schultern liegt. Nur die leuchtenden Augen verraten manchmal ein bisschen von meinem lodernden Feuer was gerade in mir brennt. Also meine Gedanken rosten bestimmt nie ein da sie nie rasten. Heute will ich wieder mal den Lotossitz üben, ist ja Kinder-bubileicht. Ich setze mich auf den Boden, doch au weia ist der vielleicht hart. Habe ich vielleicht zu dick aufgetragen? Ich glaube, ich nehme besser eine Wolldecke und breite sie aus. Ich setze mich gerade hin und halte ein Bein, um es über das andere zu legen. Es geht mühelos, aber beim zweiten Bein schmerzt es fürchterlich. Hat sich da etwa der Rost bemerkbar gemacht? Ich warne dich Rost mich auszulachen, denn ich werde von nun an hart trainieren und du wirst aus meinem Leben verschwinden und wirst dich bald in Nichts auflösen. Also trainieren und nochmals trainieren oder wie es so schön heisst: ran an den Speck. Also schicke ich nochmals meine Gedanken auf die Rennstrecke oder lieber auf den Kriechgang? Beides wäre gut, denn ich muss ja reiflich überlegen wie ich wie eine aufstehende Kerze oder Lotosblüte dasitzen kann, still wie ein gestauter See. Ich stehe auf und lege eine meditative CD- von irischer, melancholischer und sinnlicher Musik auf. In meinen Gedanken gehe ich fast schwebend auf dem tiefgrünen Teppich aus Gras und atme den Duft des Meeres ein, welches genau vor meinen Augen liegt. Diese Klänge tragen mich fast fort und mein Körper wird auf einmal ganz leicht und beweglich, als hätten sich an den Knien Schmiernippel gebildet durch welche ich vorher Öl einspritzen konnte. Mit einem wunderbaren und leichten Gefühl setze ich mich wie vorher hin. Und siehe da, ich kann meine Beine übereinander legen als würde ich dies jeden Tag tun. Wir wussten es doch, dass du es kannst tönt es von nebenan. Doch ich höre nichts, denn ich meditiere und bin beseelt einfach nur mit aufrechtem Körper dazusitzen und ruhig zu atmen. Mein Geist ist belebt und nährt sich nun auf stille Weise, denn in der Stille schöpft man unendlich viel Kraft und tankt sich wieder voll auf.

Wie heisst es so schön: nur die Ruhe kann es bringen. Und das wird sie, oh ja.

Aphrodite

Aphroditenhaft, Fata Morgana, Vision, Bestrahlung, Verblendung oder wie soll man so etwas nennen was plötzlich vor einem steht, nicht spricht, nicht atmet, einem nicht anschaut? Oder doch? Da ist doch etwas was fast so aussieht wie die Augen eines Spanners, weit aufgerissen wie zwei Stielaugen. Nein es sind definitiv keine Augen, sondern ganz einfach Erhöhungen welche montiert sind auf zwei glatten runden Hügeln. Sind das vielleicht Silikonbälle, welche gleich zu explodieren drohen? Es sind zwei riesengrosse Ballone welche auf und ab wippen und gleich aus der Fassung zu kugeln drohen. Wow, und nochmals wow. Diese aussergewöhnlichen Bälle gehören ja zu einer Frau, und was für einer. Aber eigentlich schade, dass diese prall gefüllten, vulminösen und imposanten Bomber nichts weiter als eine Attrappe sind und diese Dinger sich sicher ganz kühl und hart anfühlen wie ein Stein. Sie blickt einen Moment zur Seite und ich wage es kurz diese Brüste zu berühren. Ich schrecke zurück, denn diese Dinger fühlen sich ganz weich und warm an und gar nicht so hart wie die Sitze bei einem Lamborghini. Sie sind ja echt, geht es mir jetzt durch den Kopf. Noch ist es still aber mein Aufschrei dass die Brüste echt seien bringt sogar das stille Gras zum steh auf Männchen. Die Grashalme werden Gott sei dank nicht rot. Nun schaut sie in mein Gesicht, stellt ihre Augenbrauen in die Höhe, zwinkert mit den Augen und ihr Muuuuuuuu Mund? Nein, nein, ich fange nicht an zu stottern, aber dieser Mund ist sooo gross. Aber auch diese Lippen sind echt und nicht aufgespritzt. Sie sagt kein Wort und wendet sich von mir ab. Sie geht ihren Weg und verschwindet im hellen, fast weissen Licht der Sonne. Und weg ist sie, diese geheimnisvolle Frau welche mich aber nur durch ihre Brüste, durch ihre übergrossen Ballone beeindruckt hatte und mich meiner Sinne beraubt hat. Es kann nur Aphrodite gewesen sein. Eines ist mir jetzt klar geworden, durch solche Erscheinungen wird das Lebensalter von uns Männern erheblich verlängert und wir stehen den Frauen in nichts mehr nach. Wow, und jetzt tief ausatmen und diese Erinnerung festhalten.

Arbre Solitaire

Cadaqués ist ein schmuckes, kleines Fischerdorf in Spanien, an der Costa Brava, etwa fünfunddreissig Kilometer von der französischen Grenze entfernt. Salvador Dali war hier aufgewachsen und inspirierte sich hier. Das Meer ist glasklar und ein lauer Wind weht mir ins Gesicht. Die Häuser sehen sehr schmuck aus in ihrem strahlenden weiss welche durch enge Gassen voneinander getrennt sind aber doch verbunden von Fenster zu Fenster. Viele Fischerboote in satten Farben sind in der Bucht stationiert und spiegeln sich im ruhigen Wasser. Nur ab und zu bewegen sich ein paar Wellen dem Land zu.
Ich schaue zu den Klippen hinauf, dem steilen steinigen und staubigen Weg und erblicke ganz weit oben einen einzigen, vom Wetter verwilderten Pinienbaum welcher ganz allein dort oben trohnt. Was er wohl den Menschen zuflüstert?
Eine weise, alte und liebe Frau erzählte mir mal die geheimnisvolle Geschichte um diesen sagenumwobenen Baum welcher ein magischer, heiliger Ort umgibt. Es ströme eine unfassbare Kraft von diesem Baum heraus und nur der, der reinen Herzens sei könne dies erfahren. Der Baum habe heilende Kräfte in sich, ja er könne sogar Gedanken lesen von den Menschen welche ihn besuchen. Ja warum ist denn so viel Kraft in diesem Baum? Im Sommer 1988 brannte der ganze Hügel ab und nur dieser eine Baum blieb verschont. Er wurde zwar ein bisschen angesengt, aber er blieb stehen und trotzte weiter dem manchmal sehr kräftigen Wind, dem Tra Montana und stand weiter auf seinen starken, tief in die Erde greifenden Wurzeln.
Und die weise Frau sagte weiter, ich erinnere mich noch sehr genau daran, als wäre es gerade heute: Folge deinem Herzen, denn nur wenn du eins bist, kannst du den Baum finden,

denn er wird dich anziehen und du wirst auf deinem Weg zu ihm gelangen. Ja wie meinen sie das, fragte ich sie damals. Du wirst schon sehen, denn die Antwort liegt bei dir tief drinnen in deinem Herzen. Nun gut, damals hatte ich nicht so viel Geduld und suchte den Baum nicht auf. Aber heute, ja genau heute will ich diesen Weg gehen. Es ist heiss und der sandige Boden gibt die Hitze der sonnendurchwärmten Steine ab. Ich sehe den Baum und freue mich, denn gleich werde ich dort angelangt sein. Aber ein paar hundert Meter und der Baum ist verschwunden. Verschwunden? Das kann doch nicht sein. Folge nur deinem Herzen, dämmert es mir und ich gehe des Weges, unbeirrt und auch ein paar Möven kreisen über mir und erzählen sich Geschichten. Nun bin ich schon etwa eine halbe Stunde auf dem Fussmarsch und kein bisschen müde. Und plötzlich sehe ich den Baum wieder, ganz in meiner Nähe, direkt vor meiner Nase. Aber es scheint nicht so einfach zu sein und geht auch nicht so schnell vorwärts wie ich mir dies vorgestellt habe, denn wann immer ich den Baum für ganz kurze Zeit erblicke ist er gleich wieder verschwunden. Ich wollte den kürzesten, geraden Weg nehmen und muss nun den Hügel rauf und wieder runter gehen und dies drei mal. Nun steht der Baum vor mir und ich spüre, dass ich hier umgeben bin von magischen Kräften, einem magnetischen Umfeld. Ich begrüsse den Baum zuerst, ehe ich ihn mit beiden Händen anfasse und berühre. Anfangs geschieht nichts aber dann durchströmt etwas durch meinen ganzen Körper, etwas was ich noch nie zuvor erlebt habe, so etwas wie geistige Energie. Ja, es ist wahrhaftig der Arbre Solitaire von dem mir diese Frau erzählt hat. Ich bleibe noch eine Weile, bedanke mich und verabschiede mich wie von einem guten Freund. Ich will gerade den Hügel hinunter gehen von dort wo ich gekommen war und sehe voller Erstaunen, dass da noch ein anderer Weg nach Hause führt, aber geradeaus. Was war geschehen? Mir dämmert etwas, dies war nicht nur ein magischer Kraftort sondern es war auch der Baum der Erkenntnis und mir wurde eines klar: Wer schnell zum Ziel gelangen will braucht den längeren Weg, weil es ihm die Sicht nimmt. So musste ich viele Hügel überqueren wo ich auf einem einzigen Weg geradewegs auf den Baum hätte zugehen können. Ich atme tief durch und bin dem Geheimnis Welt wieder ein Stück näher gekommen und zufrieden in Gedanken versunken trete ich meinen Heimweg an.

Mondenschein

Es ist Vollmond und ich werfe noch einen flüchtigen Blick zum Fenster hinaus ehe ich mein Laptop aufklappe und ins Word einsteige. Was werde ich heute wohl schreiben? Vieles kreist mir heute im Kopf herum, habe ich heute doch noch einmal sämtliche Werke angesehen die ich seit 1970 erschaffen habe.
Die Leute haben bis jetzt aber nur einen Bruchteil davon gesehen und dies ist auch gut so, denn so kann man doch sehen was ich in mehr als dreissig Jahren für eine Entwicklung durchgemacht habe. Was ihr zu sehen bekommt hat noch kein Mensch je zuvor gesehen. Ich kann es nicht lassen und stehe noch einmal kurz auf um noch einmal in das Gesicht des Mondes zu sehen und er lächelt, grinst oder was macht er genau? Soll ich ihn danach fragen oder einfach abwarten was er mir zu sagen hat? Ja wie soll man da noch miteinander reden können wenn der eine einem angrinst wie ein Lausebengel. Bei Vollmondabenden vergesse ich oft Raum, Zeit, Arbeit, lasse mich einfach dahingleiten und werde mich spätestens bei Neumond wieder eingependelt haben.
Ich öffne das Fenster und ein kühler leichter Wind bläst mir ins Gesicht. Und der grinsende Mond scheint mich nun zu hypnotisieren, zu fixieren und mich vom schreiben fern zu halten. Oh nein, du närrischer Mond wirst mich nicht verhexen. Ich finde dich zwar schön, geheimnisvoll und manchmal beflügelst und inspirierst du mich auch, aber verrate mir doch jetzt gleich wer hier gerade schreibt. Nun, hat es dir die Sprache verschlagen? Entweder sind meine Hände verzaubert oder die Tastatur schreibt selbst meine Gedanken direkt in den Computer.
Kann mir jemand beweisen, dass es nicht so ist wie ich es eben beschrieben habe? Ja ihr könnt es ja schwarz auf weiss lesen

und Buchstaben lügen nicht, denn es kommt ganz darauf an wie man den Text liest, wie man ihn versteht, ob man ihn versteht falls man etwas davon versteht. Könnt ihr mir folgen? Man kann natürlich auch ein Buch voller leerer Seiten in den Händen halten und so tun als würde man die interessanteste Geschichte dieses Jahrhunderts lesen. Viele Menschen sitzen vor einem leeren, weissen Blatt Papier und es würde farblos bleiben würde ich sie nicht mit meinen farbigen Träumen beleben. Farbige Träume? Es gibt doch nur farbige Träume, oder? Oh, nicht ganz, denn wer nur ein leeres, weisses Blatt Papier vor sich hat und keine Geschichten erzählen und auch keine Bilder erkennen kann der hat auch keine Träume mehr. Je mehr man träumen kann, je mehr man sich vorstellen kann desto bunter, lebendiger und farbiger wird das Gegenüber sein welches einem anschaut. Auch wenn ich mich oft mit meinen Gedanken weiter als das Auge sehen kann bewege bin ich doch näher bei der Erde als ihr es glauben könnt, denn schliesslich bin ich dazu da mein neues Wissen um das geistige Sehen euch näher zu bringen sodass ihr es auch verstehen lernt was wahre Liebe heisst und sich in schillernden Farben offenbart. Mein Buch ist auch euer Buch und es wird jedes Mal etwas anders sein, je mehr ihr es anschaut und aufnehmt in eure einfache Seele, welche aber mit jedem neuen Wort wachsen wird wie eine Rose oder ein Weihnachtsstern der bewundert werden möchte.

Eine Geschichte

Es ist still heute Abend und seltsames geschieht heute mit mir. Es ist immer noch Ostern und ich will mir den ersten Teil des Lord of the rings ansehen. Ich setze mich hin und schaue immer noch gespannt auf den Beginn dieses Filmes, obwohl ich ihn schon unzählige Male gesehen habe, sitze vor dem Fernsehen und schaue bis zur Stelle wo die vier Hobbits dem Streicher im Gasthaus zum tänzelnden Pony begegnen und sie knapp dem Zorn und der Gier der Ringgeister entgehen, die weder lebendig, noch tot sind und immer die Gegenwart diesen einen Ringes spüren und nur ein Ziel verfolgen, nämlich wieder in dessen Besitz zu gelangen. Ich kenne all diese Bilder. Ich kenne diesen Film, diese Geschichte so gut, ja zu gut und wünschte manchmal diese Bilder von solch immenser Kraft würden aus meinem Gedächtnis verschwinden. Aber diese Bilder sind so stark in meinem Kopf festgeschweisst als wäre diese ganze Geschichte mit dem heissesten Feuer geschmiedet, eingeritzt und eingemeisselt worden für immer und ewig und unauslöschbar. Komm wieder zu dir, sagt eine Stimme. Bin ich verrückt? Ich höre Stimmen die kein Mensch ausser mir hören kann. Ich gehe in die Küche und zünde mir eine Zigarillo der Marke Panter an und ziehe langsam daran und blase kleine Wolken in den Raum. Der Rauch lichtet sich wie ein kleiner Dunst und im Nebenraum, im Wohnraum höre ich nur den Film aber mir erscheinen trotzdem alle Bilder. Alles ist mir so vertraut wie damals als ich wie angewurzelt, oder besser gesagt wie angekettet im Kinosessel sass und zwischen Raum und Zeit hin und her gerissen war. Dass mein aufgeklappter Laptop nicht zu dieser Zeit von Mittelerde passt ist mir schon klar. Aber vielleicht doch, denn diese Geschichte von Mittelerde ist ja noch gar nicht passiert, handelt doch diese Geschichte erst im Jahre 3000 und mehr. Ich erschre-

cke, was habe ich da eben gesagt? Jetzt höre ich gerade wie Arwen zu Aragorn sagt: Warum fürchtest du dich? Du bist Isildors Erbe und nicht Isildor du selbst. Ich schenke dir mein Leben und Aragorn darauf: das kannst du mir nicht schenken. Und Arwen lächelt ganz still und sagt: es gehört mir und ich kann es schenken an wen ich es will, denn ich möchte lieber ein einziges Leben mit dir leben als alle Zeit dieser Welt allein zu durchleben. Eine wunderbare Frau, diese Elbin mit ihrem klaren Blick. Alle Bilder werden auf einmal wieder wach in mir und tragen mich in eine andere Welt.
Ja gibt es denn eine andere Welt voller Hoffnung? Hoffnung gibt es immer kommt in diesem Film vor, aber erst im zweiten Teil und das heisst dass man warten können muss um sich in Geduld zu üben um Stärke und Grösse zu erlangen. Vergeben ist das eine und verlangt einen manchmal fast zu viel ab. Und doch ist man stärker als man oft zu glauben wagt und die Nerven, gebaut wie Stahlseile welche stets zusammenhalten ohne zu zerreissen. Und plötzlich schrecke ich auf als ich Frodo den Namen von Gandalf heraus schreien höre, so dass es mir durch Mark und Bein geht. Es ist genau diese Stelle an der Gandalf durch das Feuerschwert des uralten Dämons in die unendliche Dunkelheit heruntergerissen und von ihr verschlungen wird. Wie ein Pfeil durchbohrt der unermessliche Schmerz das Herz des kleinen Ringträgers Frodo welcher gerade seinen besten Freund verloren hat. Es ist wohl die eindrücklichste Szene in diesem Film, jedenfalls für mich. Sind nicht auch all unsere Erinnerungen wie ein Film der sich irgendwann, eines Tages sich wieder vor unseren Augen abspielt als wäre es erst gestern gewesen. Wir können nicht vor unserer Vergangenheit davonlaufen, niemand kann dies, denn irgendwann holt sie uns wieder ein und kommt zurück. Wir tun also gut daran nur Gutes zu tun, denn dies macht Sinn in unserem Leben, bereitet uns und anderen Glück und füllt die

Herzen mit Liebe. Man kann nicht einfach auf dieser Welt herum spazieren, auch wenn wir während unserem ganzen Leben nur Gäste dieser Erde sind. Ja ihr habt richtig gehört: wir sind nur zu Gast auf dieser Erde, also benehmen wir uns dementsprechend. Und jetzt ertönt der feine Gesang des Knaben mit der Engelsstimme und kündet den Schluss des ersten Teils an und die Weiterreise ins Ungewisse. Und dann ertönt noch die helle Stimme einer Frau und ich lausche diesem einfühlsamen (May it be) bis dieses Lied verklungen ist. Und jetzt gehe ich nochmals den Text durch und es kommt mir wie ein endloser Brief vor welcher nirgends anfängt und nirgendwo aufzuhören scheint. Eine Geschichte wird selbst zur Geschichte, weil sie sich immer wiederholt. Wieso wohl?

Das Götterhaus

Manchmal frage ich mich wirklich was ich auf dieser Erde tue, denn oft kommt es mir so vor als wäre der Zeiger stehen geblieben und zeige immer die gleiche Zeit an. Wieso sollte ich es so eilig haben? Ich halte inne, verlasse für einen kurzen Augenblick mein Laptop und lege eine Musik Kassette in mein Musikgerät, eine der ganz ruhigen und besinnlichen Art. Sie heisst (INSIDE THE GREAT PYRAMID) und es kommt mir so vor, als hätte ich diese Musik eben gestern erst noch gehört. Aber nein, es war in den achtziger Jahren als ich diese ruhige Musik zum ersten Mal hörte. Und heute, wieso gerade heute? Damals gab es nur Schallplatten und Tonbänder, aber diese Musikrichtungen waren deshalb nicht weniger aufregend als heute. Diese Art von Musik macht mich ruhig und lässt meine Gedanken wieder auf zwei Schienen fahren und ganz leise Töne bewegen nun meinen Geist. Barfuss berühre ich den Boden und es kommt mir gerade so vor, als würde ich ein leichtes vibrieren vom Gesang und der Querflöte in meinen Füssen vernehmen. Es ist ein angenehmes Gefühl und es birgt fast den gleichen Zauber in sich wie wenn ich meine Füsse in Rosmarinduft baden würde. Und meine Gedanken wandern weg aus meiner Wohnung und gehen um das Götterhaus herum, welches von Feigen und Pinien umrandet ist. Dieses Götterhaus erstrahlt in ewigem weiss, erbaut zwischen einem Hügel und dem tiefblauen, aber auch glasklaren Meer und steht in Cadaqués. Ich kriege noch heute Herzklopfen wenn ich an das erste Mal denke wo ich vor dieser Villa stand, denn irgendwie schien ein magischer Zauber über dem ganzen zu stehen. Es war mir vom ersten Moment an klar, dass ich dieses Götterhaus irgendwann mal malen würde. Und zwei Monate später war es soweit. Ich mischte etwa 20 Farben vor, denn ich wollte nicht aufgeweckt werden während ich malte und träumte. Ich weiss noch genau, dass ich alles von mir fernhalten wollte was mich aus meinem einzigartigen Traum hätte reissen können und so schob ich einen Zettel zwischen Türe und Balken auf dem geschrieben stand: (Ich bin hier, aber doch nicht hier). Ich war da aber trotzdem abwesend, denn ein so heiliges Bild kann ich nur in einem fast schwebenden Zustand malen, wo Zeit kein Thema ist und es einfach ausgeschaltet ist. Die Farben sahen wunderschön aus und freuten sich bald auf meiner ach so wunderbar duftenden Leinwand hingepinselt zu werden. Und das Bild wurde lebendiger und lebendiger und ganz hinten beim Götterhaus entstanden der aufgehende Mond und die untergehende Sonne zur selben Zeit und fast am gleichen Ort. So, komm langsam wieder zu dir, rief mir meine eigene Stimme zu und ich erwachte aus diesem wunderbaren Traum, sobald ich meine Unterschrift auf dieses Gemälde gesetzt hatte.

Und es ging nicht lange und eine zierliche Frau fragte nach dem Götterhaus, sie wolle es haben, sie wolle es kaufen, denn sie war auch schon dort gewesen in der Nähe vom Fischerdörfchen Cadaqués und habe diese wahnsinnige Schwingung erlebt welche von diesem Ort ausging und für dies es aber keine Erklärung gab. Behutsam wie ein erstgeborenes Kind wickelte sie es in einen feinen Stoff, bedankte sich hundertmal und gab mir ein für sie angemessener Betrag. Ist dieser Betrag nach ihren Wünschen? Ja sicher, Madame und ich schaute ihr noch eine Weile nach ehe sie davon fuhr und ich sie aus den Augen verlor. Aber sie gab mir vorher noch ihre Adresse, damit ich mit ihr in Kontakt bleiben könne. Ich stand noch eine Weile nur da und obschon ich glücklich war ein so schönes und mit Liebe eingebettetes Bild soeben verkauft zu haben kam es mir doch fast so vor ein Kind aus meinen Händen weg gegeben zu haben. Ich glaube dies ergeht jedem Künstler so, denn wie viel Liebe braucht es doch für ein poetisch und sauber gemaltes Bild. Und es braucht Zeit von der ich aber im Moment des Wirkens nichts wahrnehme, denn es gibt eigentlich gar keine Zeit. Wenn ich male bin ich auf einer sogenannten Zeitreise ohne Anfang und ohne Ende wie in einem Shamadibad, liegend, schwebend und ohne Zeitgefühl. Malen ist ein göttlicher Impuls des Himmels welcher all meine Gedanken und Gefühle direkt durch meine Hände leitet um sie in Bilder umzuwandeln.

Seite einläuten

Es ist sieben Uhr Morgens und die Kirchenglocken aus dem Kloster läuten weit übers ganze Dorf und es ist nun die Zeit gekommen meine letzte Seite einzuläuten und sich zurück zu besinnen, auch ihr und back to the roots zu gehen als auch ihr noch ein kleines Kind ward. Das Thema Kinder habe ich auch ganz fein hier in meinem Buch eingebettet, ein bisschen und auch sie verdienen es, dass man etwas über sie erzählt.

Meine Augen waren noch klein, wurden mit der Zeit immer grösser und grösser und mit ihnen auch meine Sehnsucht all das zu sehen was man nie sehen kann, noch wahrnehmen oder begreifen kann. Ich wusste einfach tief in meinem Innern, dass es da ganz weit oben über den Wolken und über der Sonne noch etwas anderes geben musste als das was ich hier sah. Zum Beispiel gestrandete Boote voller Tränen von Kindern welche man für Nichts erklärte, welche nur im Weg standen und für die es kein Zurück jemals gab. Was will dieser Autor damit sagen. Ich habe euch alle Tore und Sinne geöffnet mit diesem Buch, denn jeder Mensch hat ein Herz, eine Seele und Verstand. Aber euch ist jetzt etwa nicht bange geworden, oder etwa doch? Keine Angst, denn unruhig werden nur die Menschen welche das noch so kleinste Funkeln in den Augen ihrer Kinder unterbinden, sodass selbst der Mond einst sein Antlitz verhüllen wird, für immer und ewig. Für immer und ewig, ist das wahr? ruft da jemand ganz aufgeregt, sind sie Hellseher? Aber nein, wie könnte ich in einem Meer von Menschen wahrsagen welche schon seit Jahrtausenden da sitzen und auf Wunder hoffen, ohne sich selbst in den Hintern zu treten und selbst etwas zu tun.

Manchmal muss ich fast weinen wenn ich ein Kind lachen höre, denn manchmal realisiere ich es nicht mehr, dass es so etwas noch gibt, denn oft ist es ein aufgesetztes Lachen was eher als Grimasse erscheinen mag. Man soll einem Kind nie befehlen wann es zu lachen hat und wann nicht, es tut es einfach wenn sein Herz danach fragt und überquillt vor Freude. Ich sage auch hier das englische Wort: Love in children›s eyes, weil es genau das ausdrückt was die Seele und das Gefühl Kind zu sein widerspiegelt. Und die Kinderträume, ach wie schön. Als ich erst fünf Jahre alt war wünschte ich mir der Regenbogen solle die ganze Erde umkreisen und alle Menschen erreichen. Wünschen kann man alles, aber es ist schwer wenn man nie weiss was die andern sich wünschen. Oft haben die Menschen etwas ganz nah und sehen es trotzdem nicht. Wäre die Sonne nicht reines und wärmendes Licht sondern einfach nur ein Planet aus purem Gold würden dies alle sofort sehen und die Sonne würde schneller eingeschmolzen sein ehe der neue Tag anbrechen würde und die Leute würden sich noch gieriger als bisher darauf stürzen und die ganze Welt um sich herum vergessen.

Also geht nochmals zurück zu euren Wurzeln. Jeder von euch erhält nach seiner Geburt einen Kopf zum denken, Füsse zum gehen und sonstige Assesoires was es so zum leben braucht samt Rucksack welchen ihr mit Erlebnissen, Träumen, Wünschen und euren Entscheidungen füllt. Und nach und nach wird euch ein Licht aufgehen. Ich hätte noch hunderte Seiten mehr schreiben können aber nicht mehr zu sagen gehabt als jetzt. Entscheidend war für mich, dass ich schrieb solange mich das Schreibfieber gepackt hat und ich einen Vorwätsschub erlebte. Das ganze Buch soll ein Aufwecker sein und einige Farbtupfer mehr in euer Leben bringen, sodass ihr noch mehr Freude bekommt für euch und für alle anderen.

So und jetzt machen wir die Türen und Tore noch mehr weit auf und trinken zusammen einen sehr feinen Jasmintee oder einen aromatischen Kaffee. Was ist denn jetzt wieder los, etwa Themenwechsel? Nein, nein, ich möchte mich nun nach

getaner Arbeit auch mal wieder in einem weichen Sessel hinlehnen, denn schliesslich habe ich nun mein Buch zu Ende geschrieben und bin bald wieder frei für neue Taten.
Ich habe viele Themen aufgezeigt, aber euren Weg müsst ihr alleine gehen und herausfinden in welche Richtung er führen soll. Lernt auch mit dem Herzen zu sehen und mit den Augen zu fühlen, das wäre toll und ein grosser Schritt vorwärts.

Schlusswort

Ja was soll ich noch sagen, denn zu viel der Worte verdirbt die Sprache meiner unzähligen Bilder welche sich auf ihre Weise präsentieren.
Oft frage ich mich woher ich all meine Kräfte nehme welche mich stets künstlerisch beflügeln und mich antreiben, immer voran treiben mit offenen Augen um unserer Welt etwas zurück zu geben was ihr fehlt. Tief in meinem Innersten erahne ich es natürlich und ich spüre so etwas wie eine Erleuchtung in mir, denn in all den Jahren bin ich reifer geworden, möchte aber trotzdem nicht die Erde um mich tragen wie ein Mantel so wie sie heute ist, denn wie könnte ich mich erwärmen wenn doch noch so viele Kinderaugen mit Tränen gefüllt sind anstatt so hell wie die Sonne zu strahlen oder wie die Sterne in der Nacht zu leuchten.
Meine Gedanken kreisen in meinem Kopf herum, machen eine Reise nach ganz weit draussen, dort wo sich alle Gedanken und jedes gesprochene Wort noch frei bewegen können und sie haben nun einen Punkt erreicht der weit über das hinaus geht was man begreifen, noch erklären könnte, irgendwo ganz weit draussen in der Galaxy, dort wo vielleicht meine immer neu entstehenden Ideen herkommen. All meine Sinne sind nun sensibilisiert aber immer noch eingeschlossen und getrennt von der Gesellschaft.

Aber lange werden meine Sinne nicht mehr standhalten denn es ist längst an der Zeit auszubrechen aus meinen eigenen vier Wänden und meine Kunst Allen zu zeigen welche bis jetzt kaum Jemand zu Gesicht bekam, weil sie eingeschlossen war in mir als streng gehütetes Geheimnis weil ich mir nicht sicher war ob sich meine Bilder durch die Blicke der Menschen entzaubert hätten.

Noch vor ein paar Jahren hätte ich lieber Austellungen mit leeren Wänden gemacht weil ich befürchtete durch die Berührungen würden meine Bilder entheiligt.
Mit all den Jahren ist auch die Ausdruckskraft in meinen Bildern gewachsen und mein Verständnis für unsere Welt. Und nun will und kann ich nicht länger warten, denn bald werde ich wie ein Vulkan hochgehen und vielleicht explodieren weil man unmöglich alles was ich zu sagen habe in einem einzigen Leben bereden könnte, aber alles in meinen Bildern enthalten ist. So kommt und macht mit mir einen Spaziergang durch meine Bilderwelt welche sich gar nicht so sehr von Eurer Welt unterscheidet, nur dass sie bunter ist und in sämtlichen gesprochenen oder neu erfundenen Sprachen zu verstehen ist und sich jedem öffnet und vor Augen führt wer es sich wünscht.

Und nun male ich noch einen Sonnenstrahl und reite auf ihm in den Süden und winke Euch Allen zu.

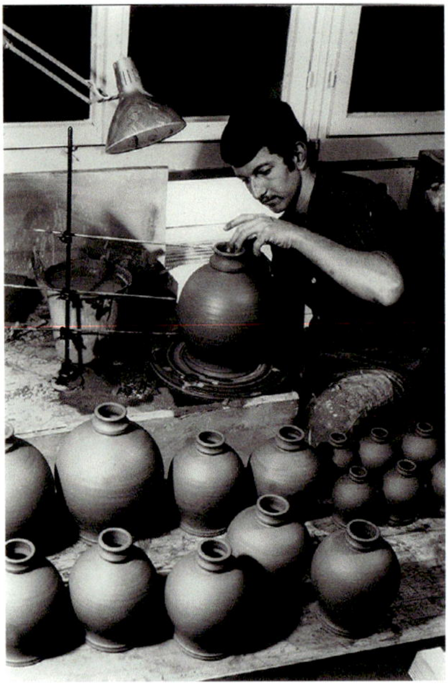

1969

1996

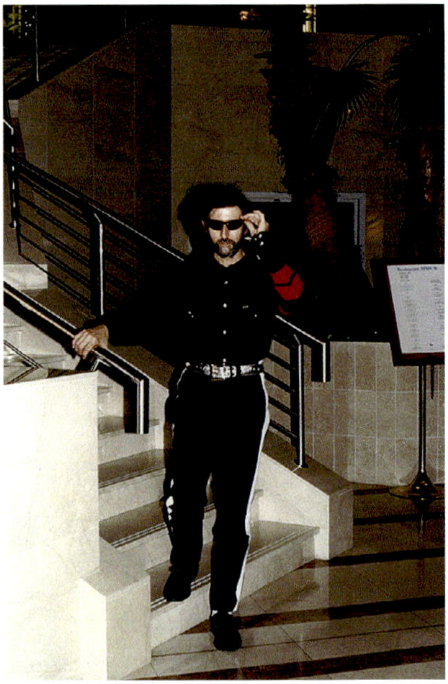

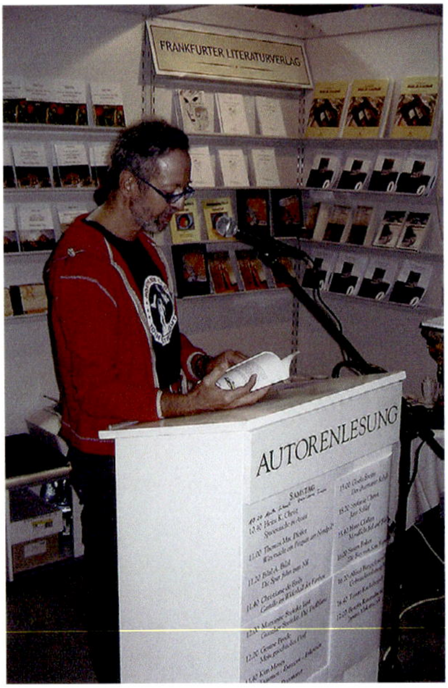

2004

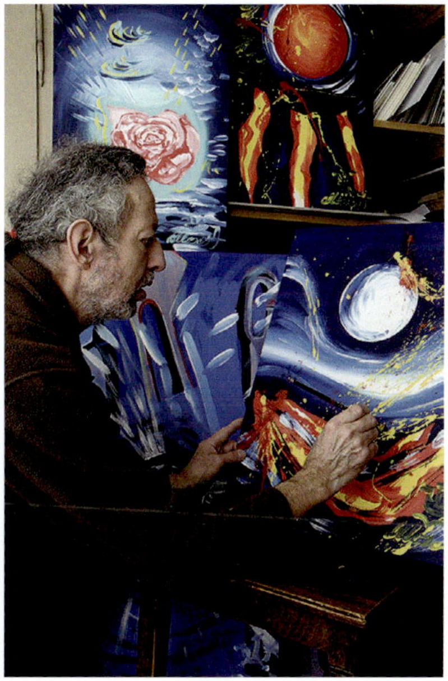

2008

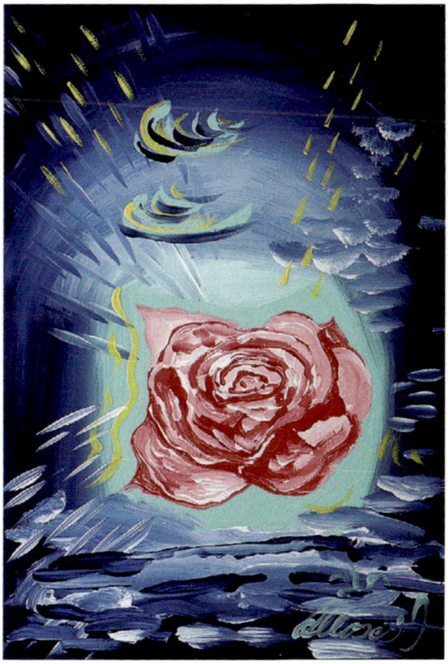

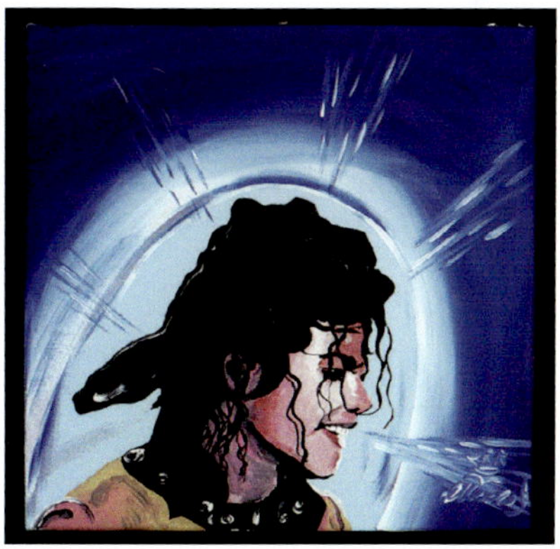

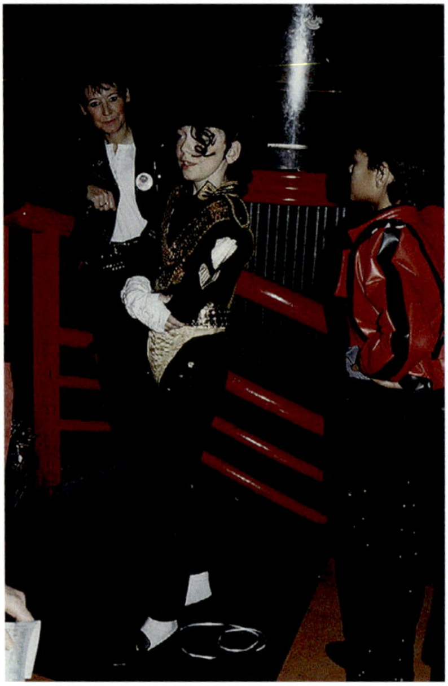

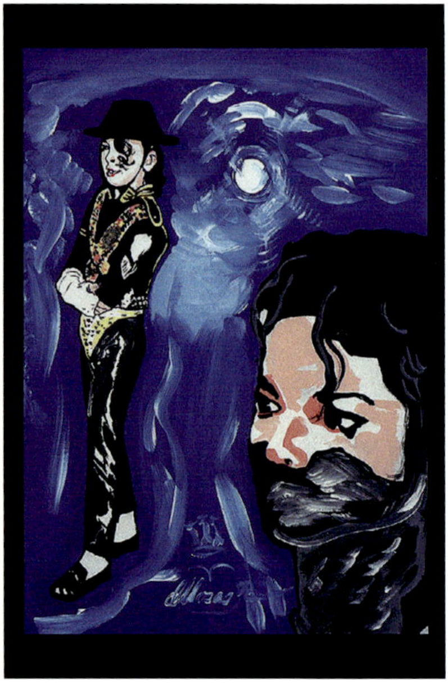

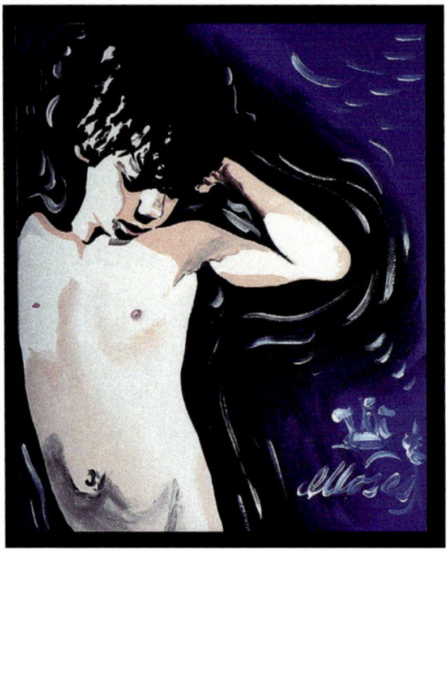

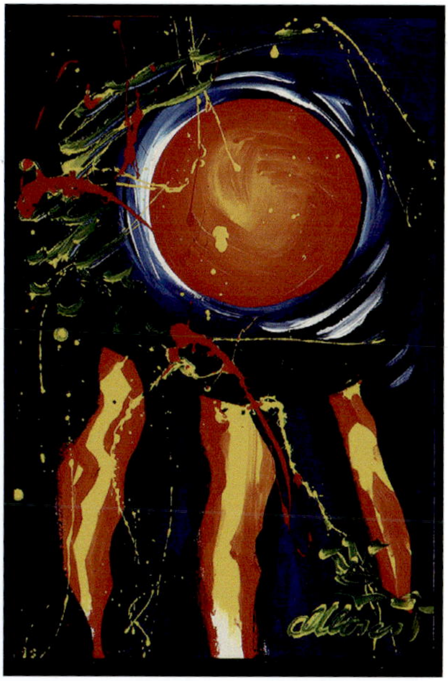

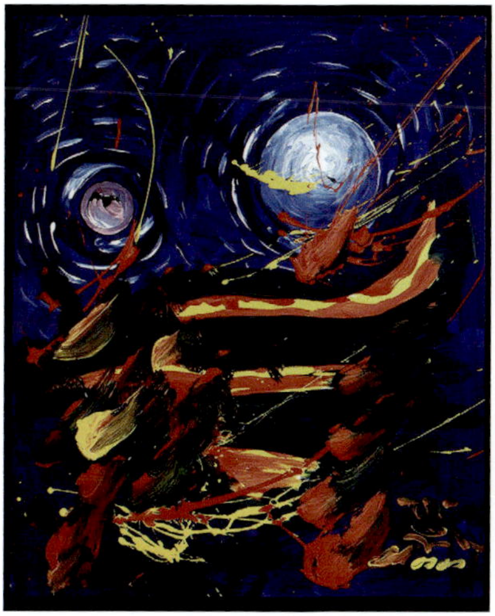

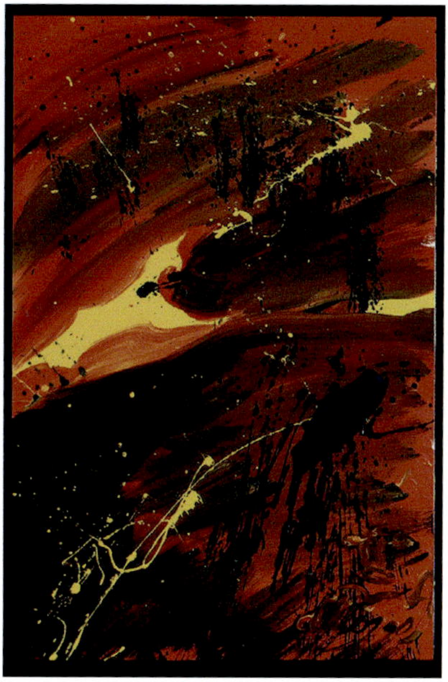

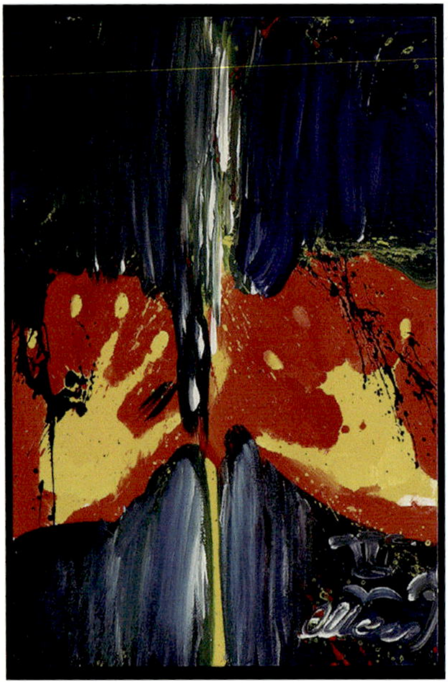

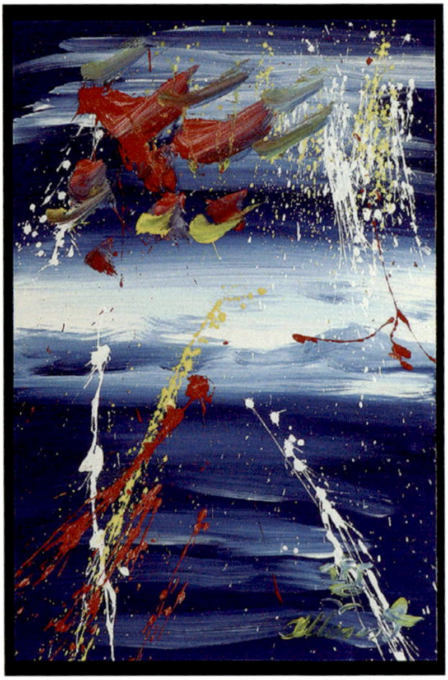

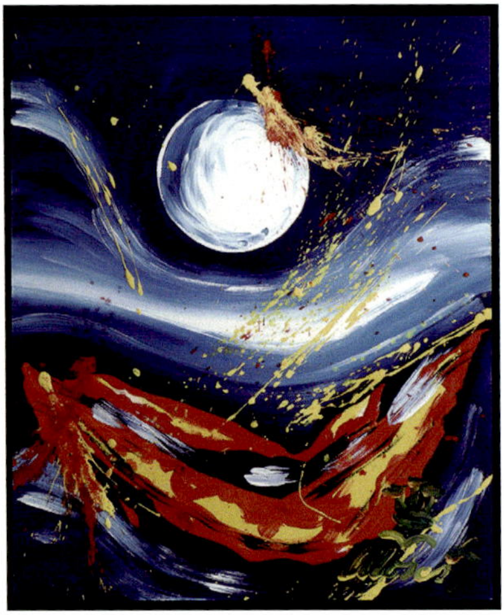

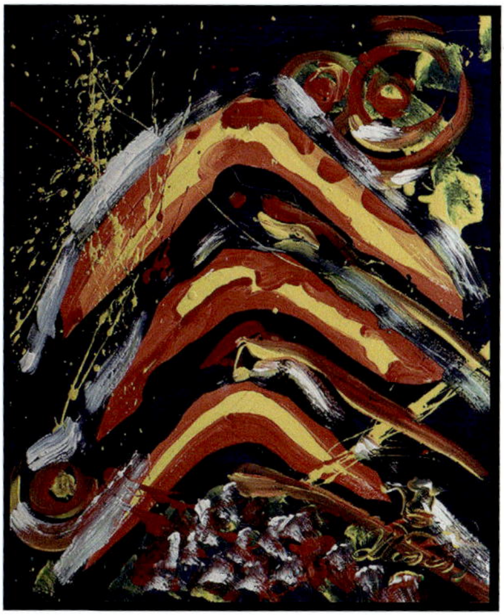

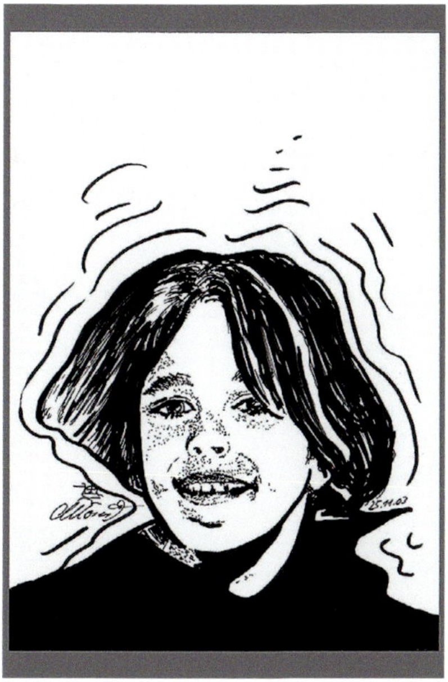
25.11.03

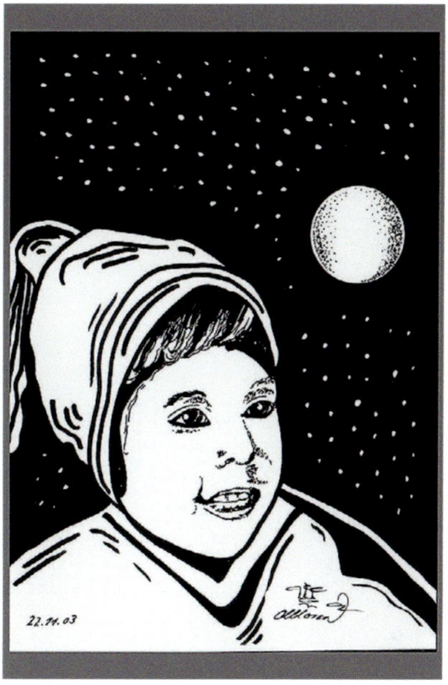
22.11.03

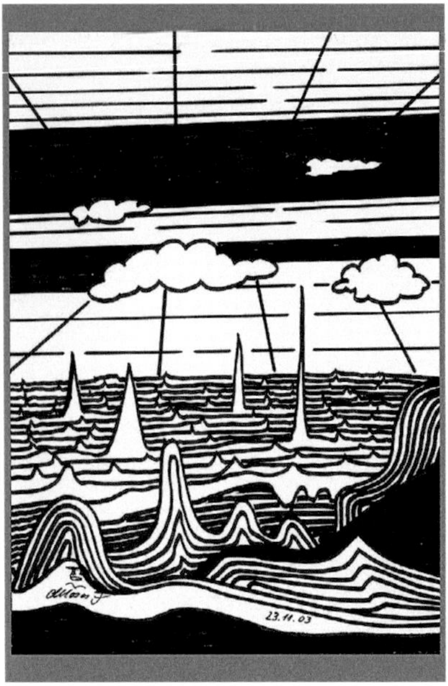
23.11.03

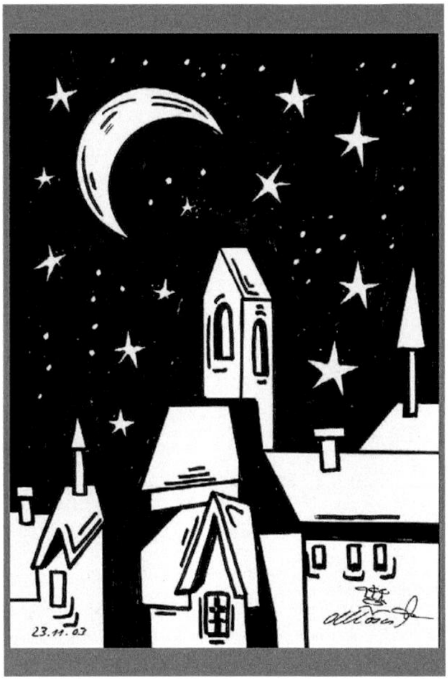
23.11.03

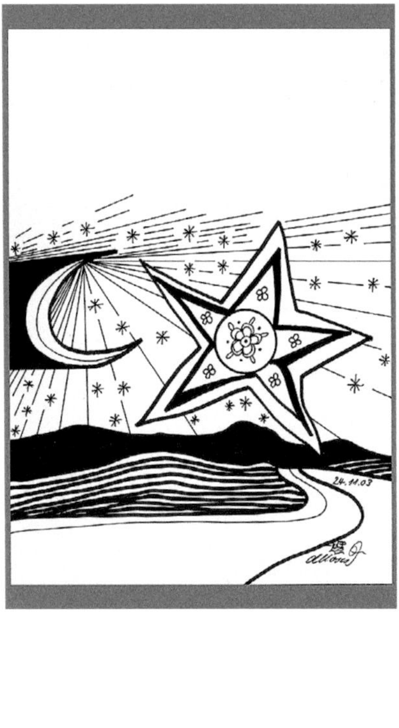
24.11.03

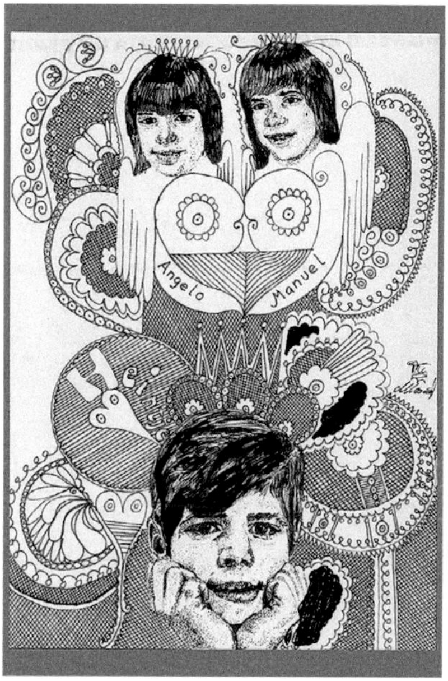
Angelo
Manuel

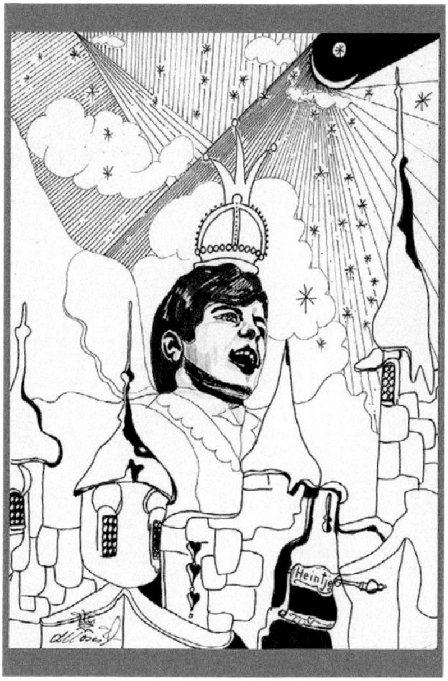
Heintje

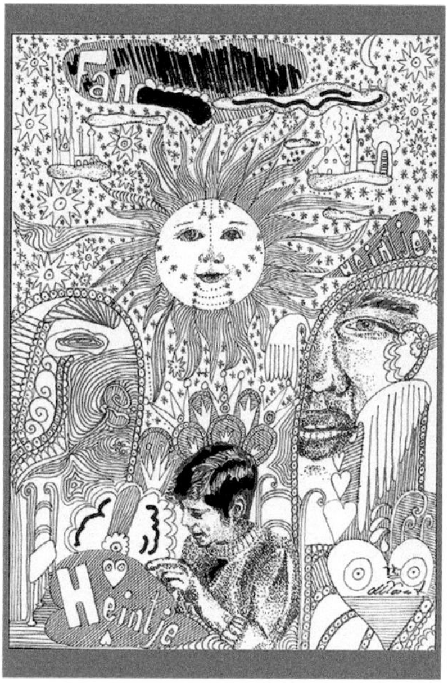
Heintje

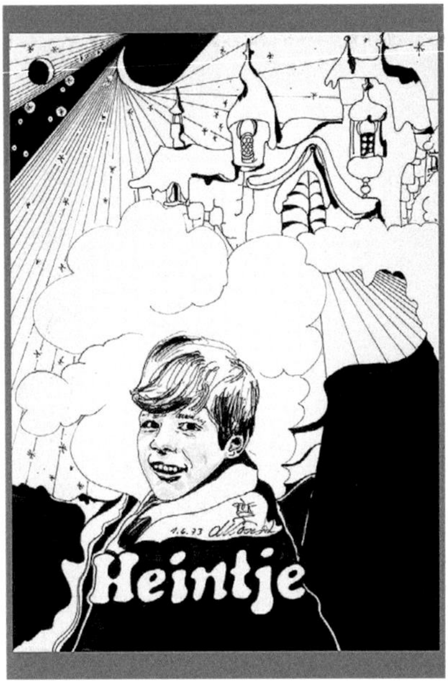
Heintje

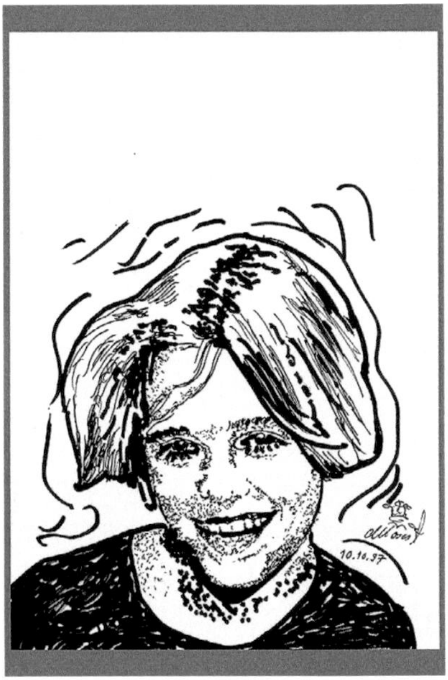

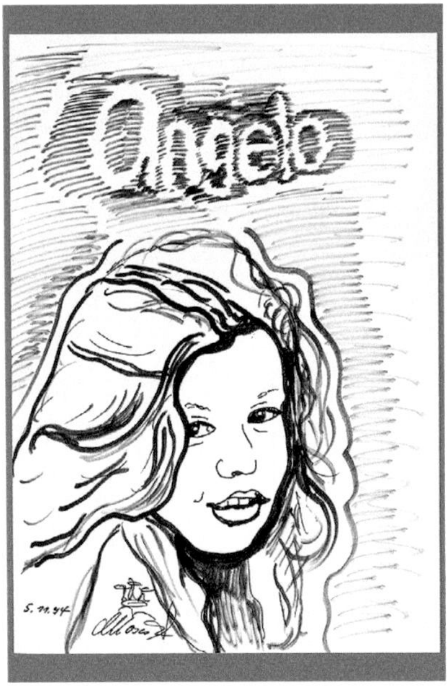
Angelo

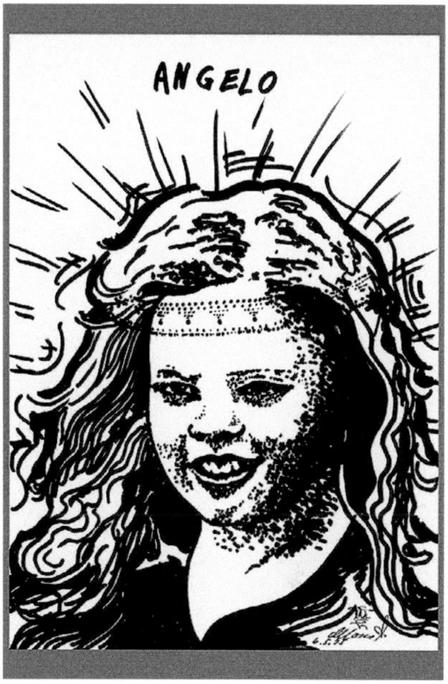
ANGELO

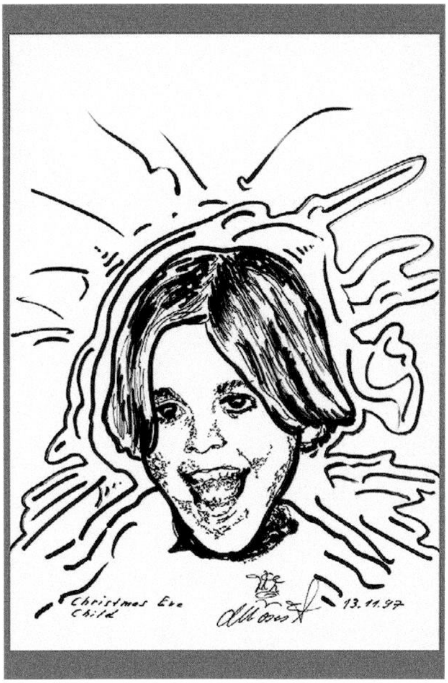
Christmas Eve
Child
13.11.97

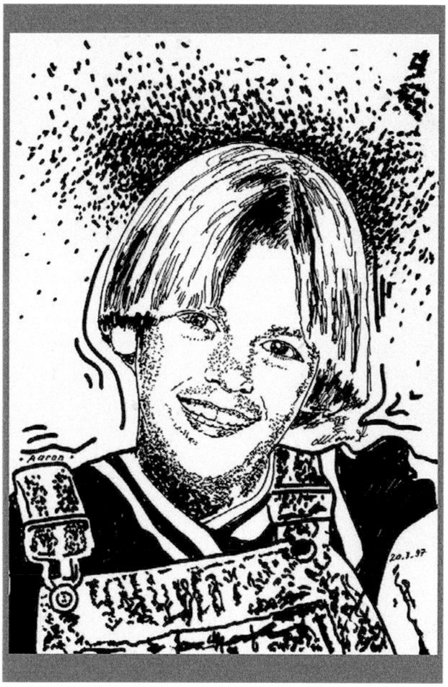
Aaron
20.3.97

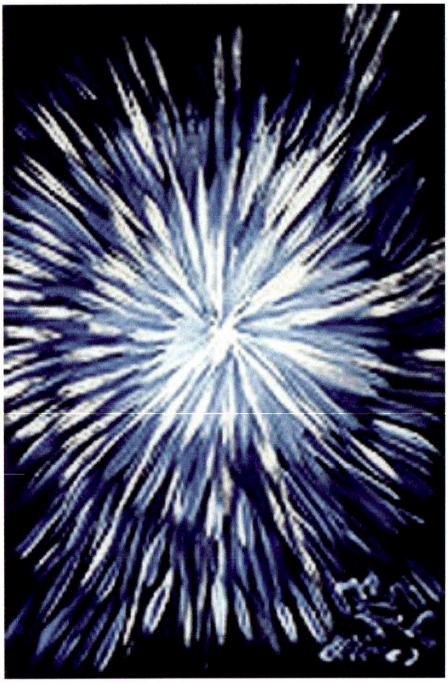

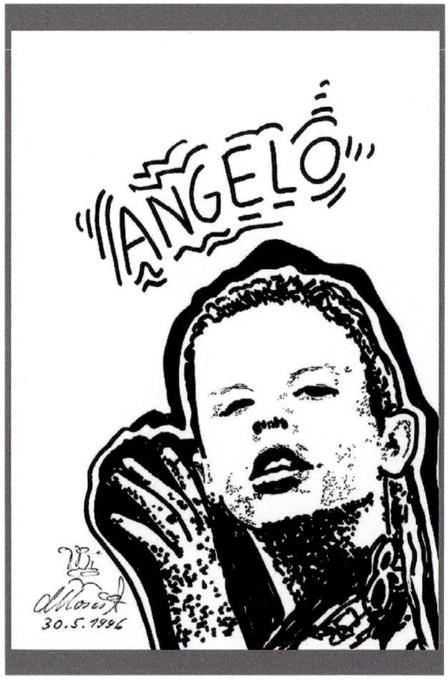
ANGELO
30.5.1996

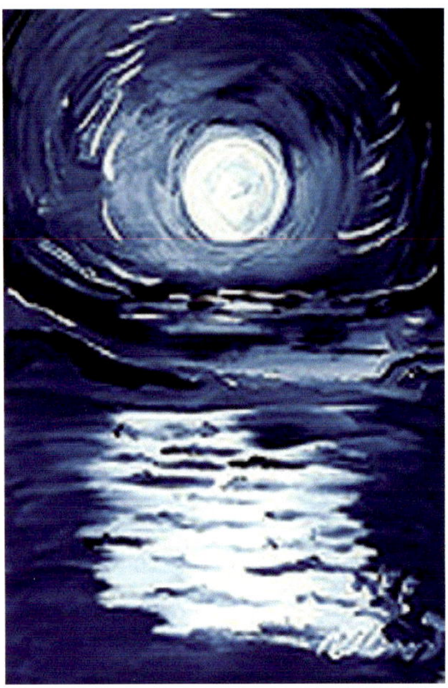

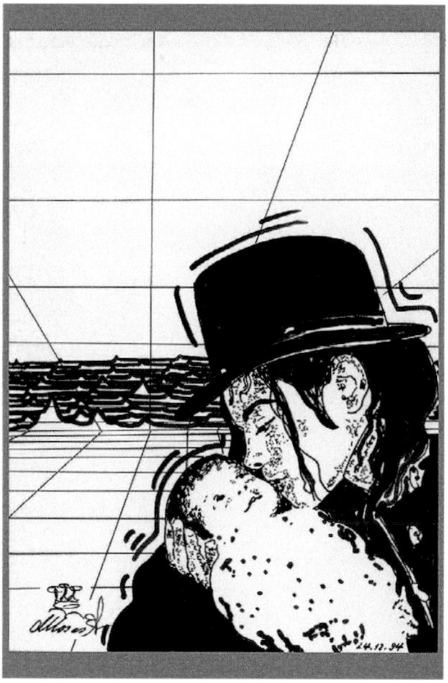
24.12.94

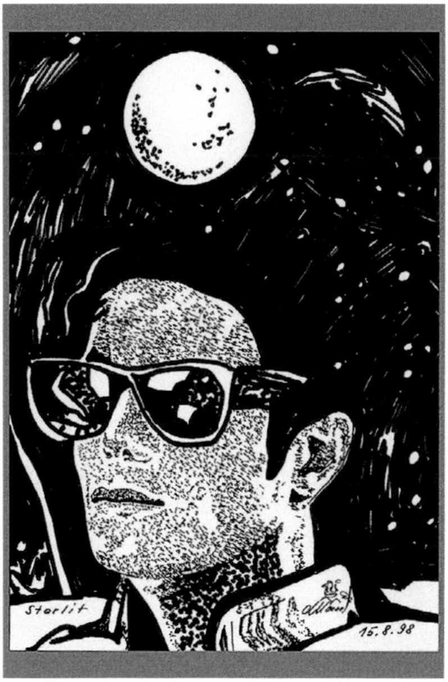
Starlit
15.8.98

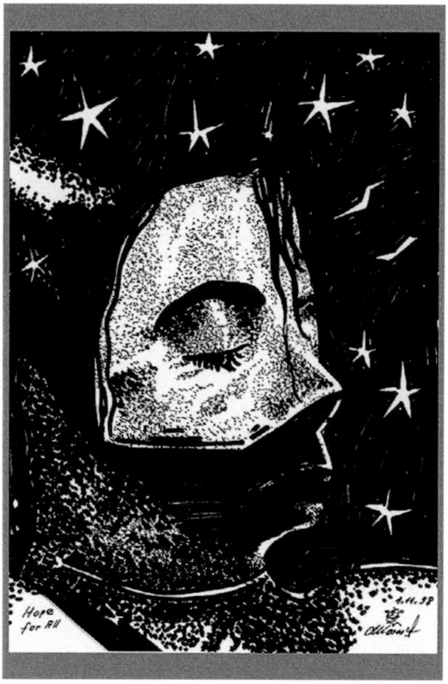
Hope
for All
1.11.98

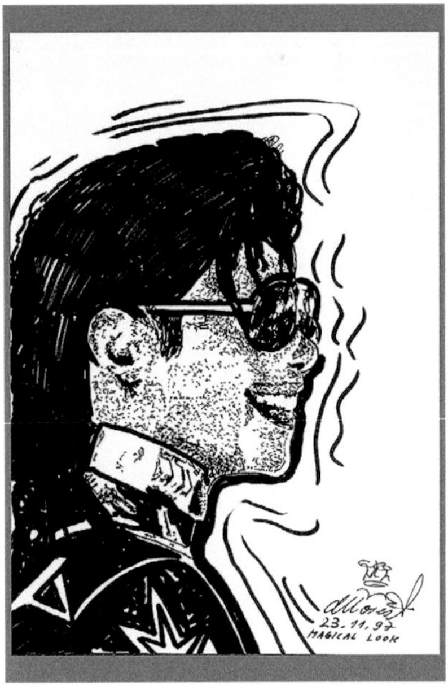
23.11.97
MAGICAL LOOK

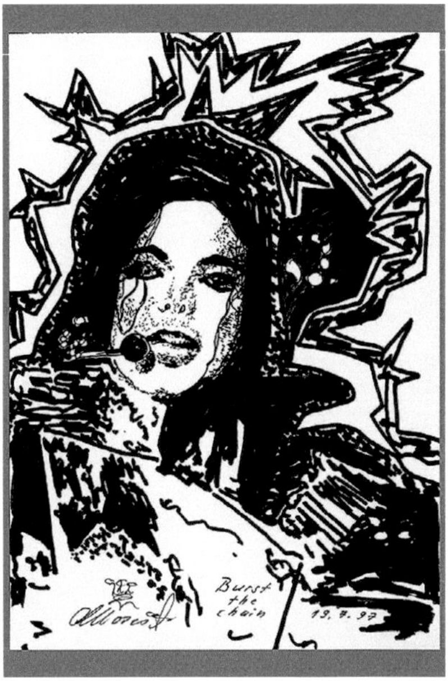
Burst the chain
19.7.97

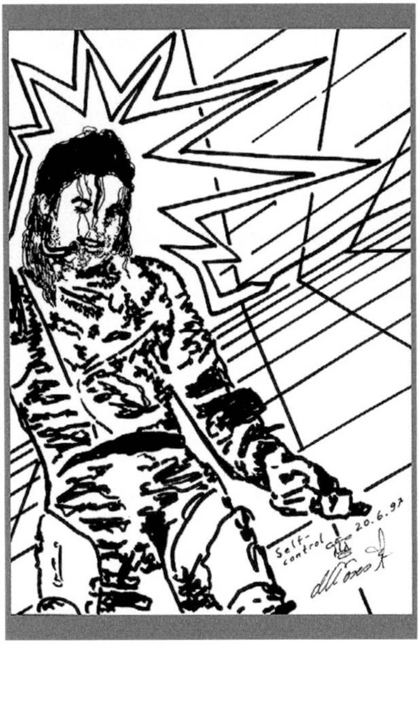
Self-control
20.6.97

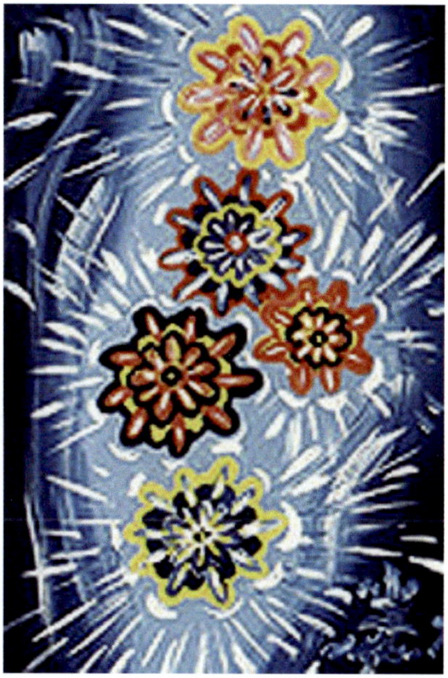

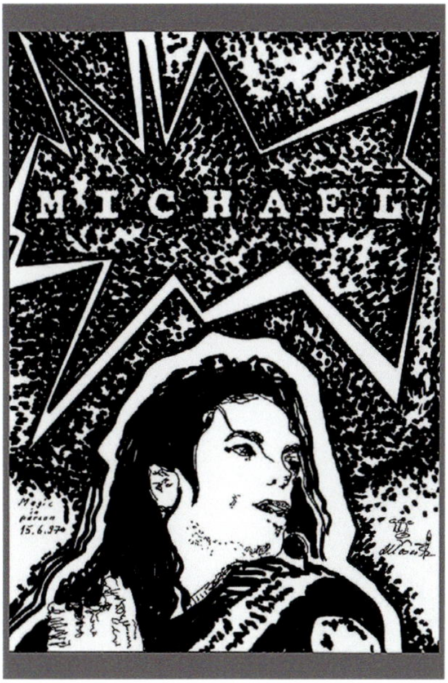
MICHAEL
Magic in person 15.6.97

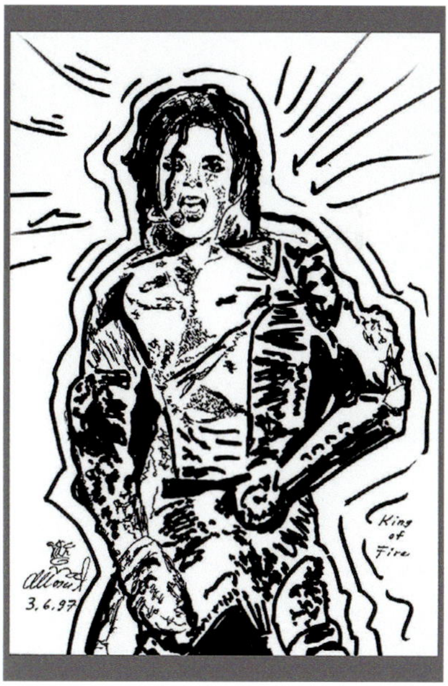
King of Fire
3.6.97

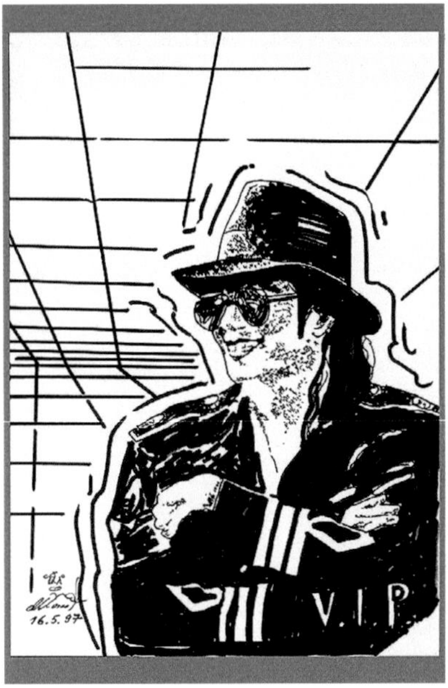
V.I.P
16.5.97

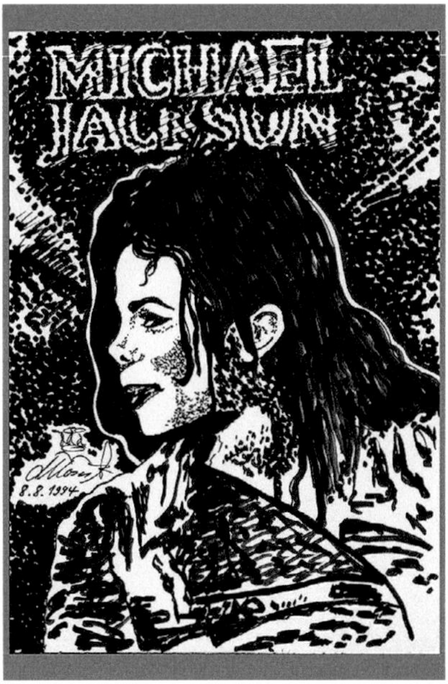
MICHAEL
JACKSON
8.8.1994

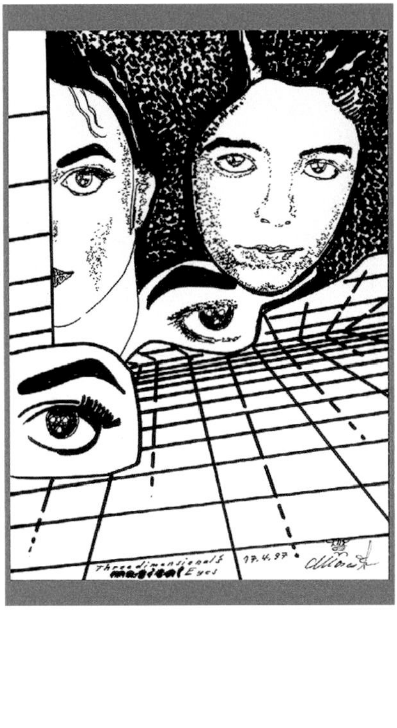
Three dimensional's
magical Eyes
17.4.97

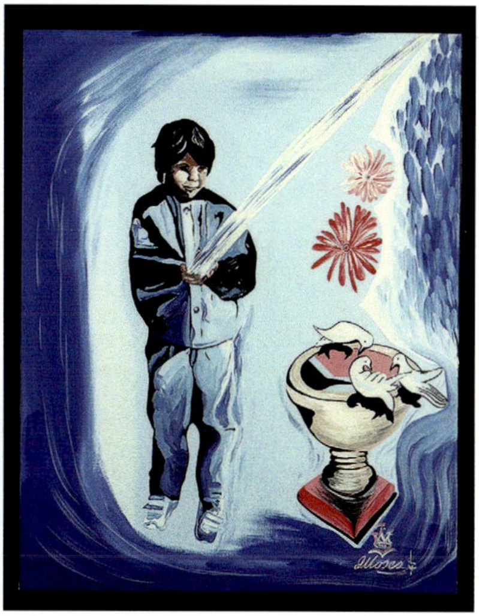

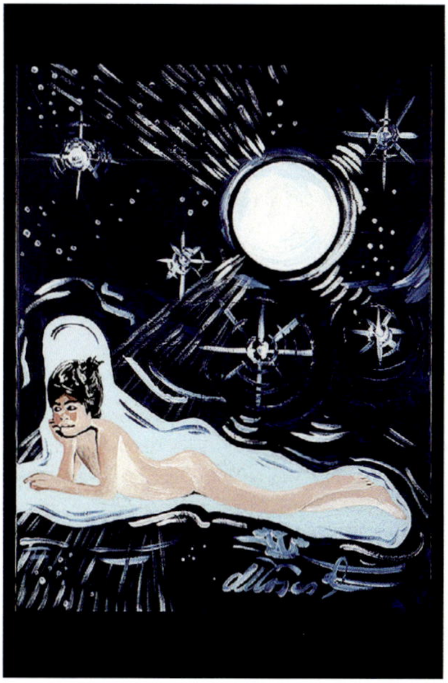

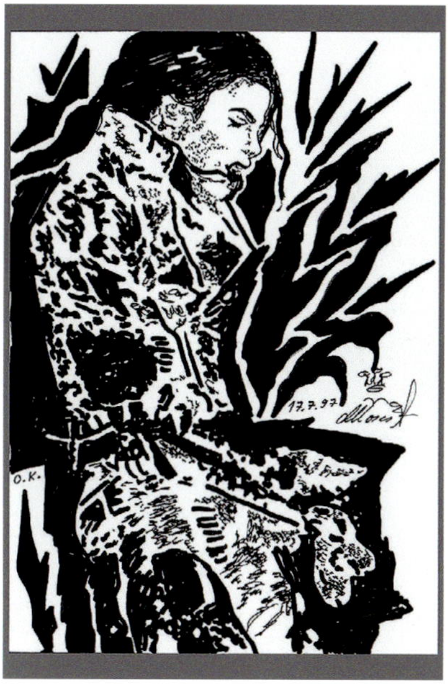
17.7.97
O.K.

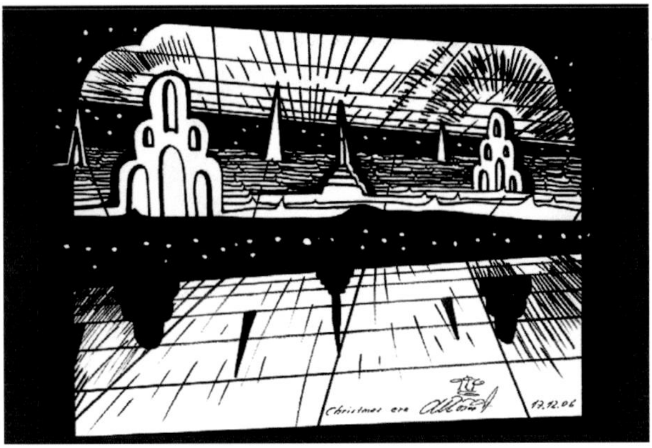
Christmas eve
17.12.06

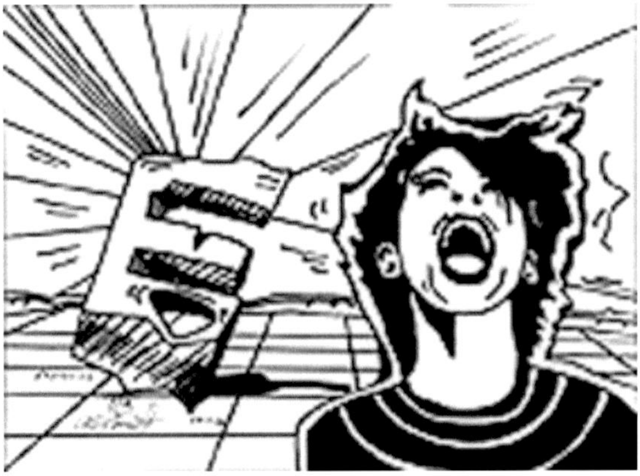

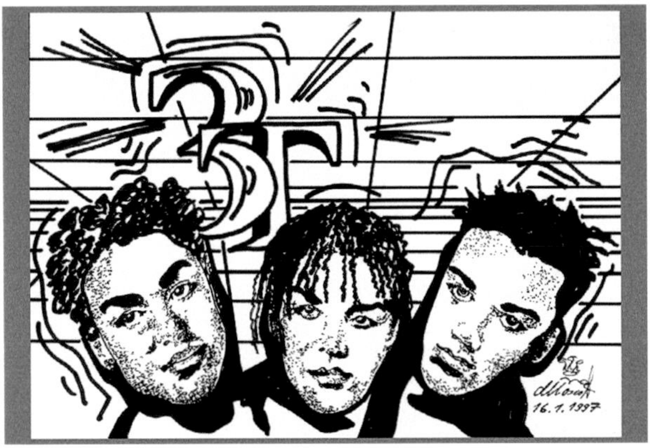
16.1.1997

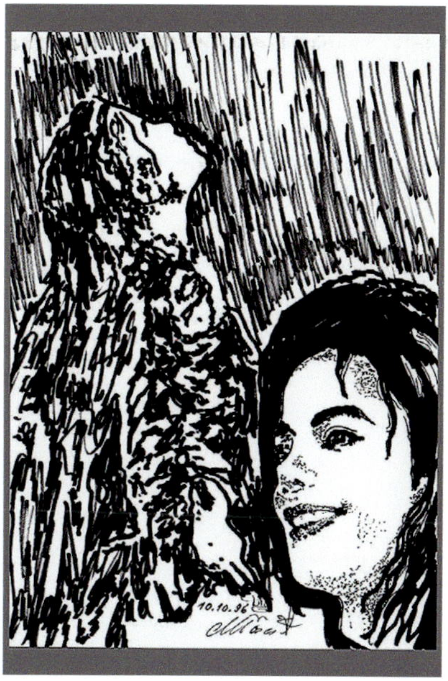
10.10.96

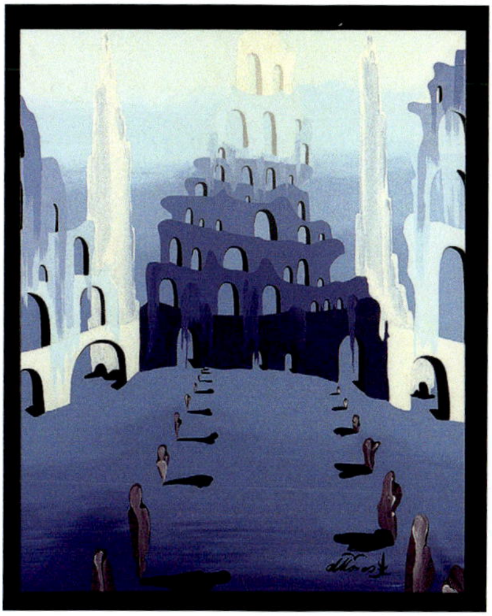

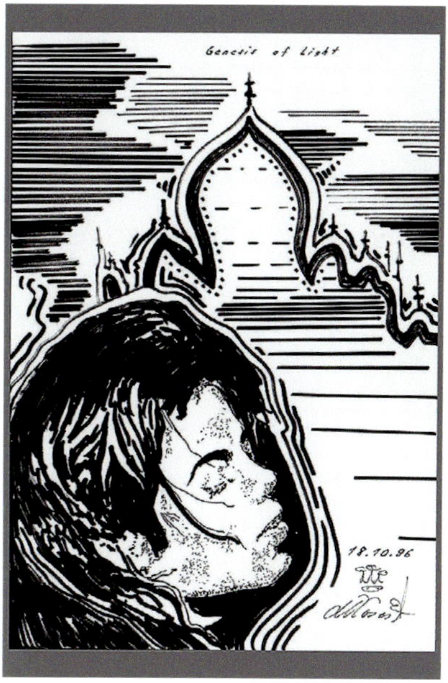
Genesis of Light
18.10.96

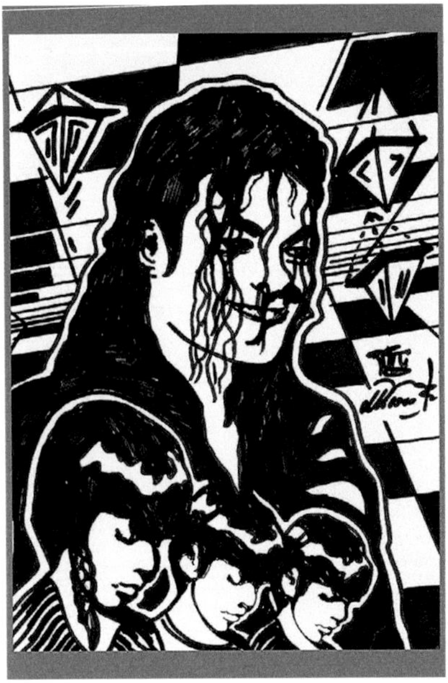

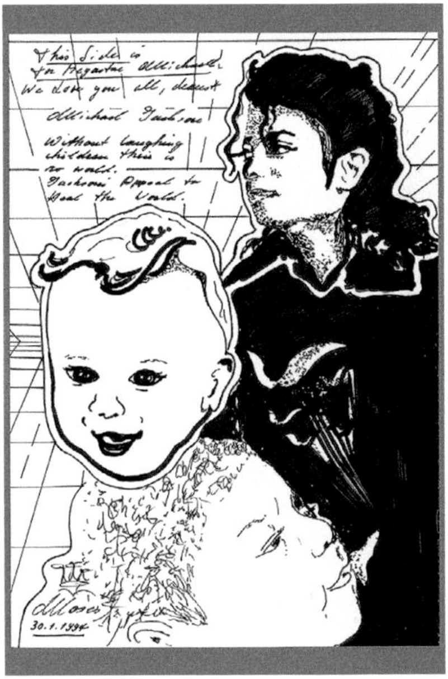
We love you all, dearest
Michael Jackson
Without laughing children there is no world.
Heal the World.
30.1.1994

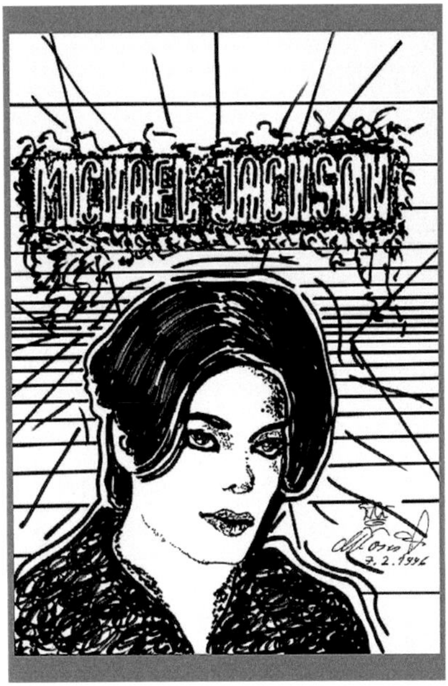
MICHAEL JACKSON
7.2.1996

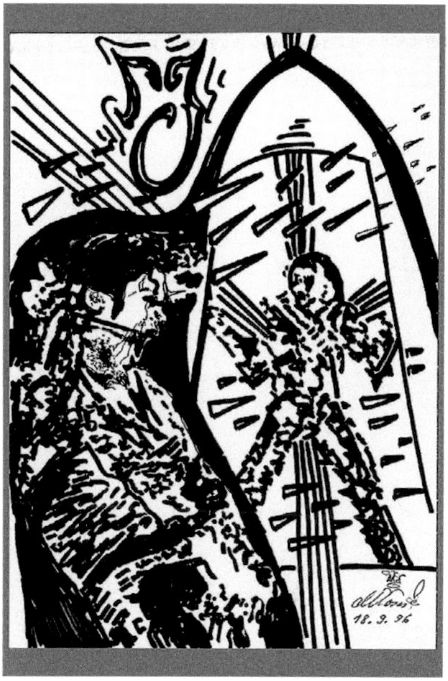
18. 9. 96

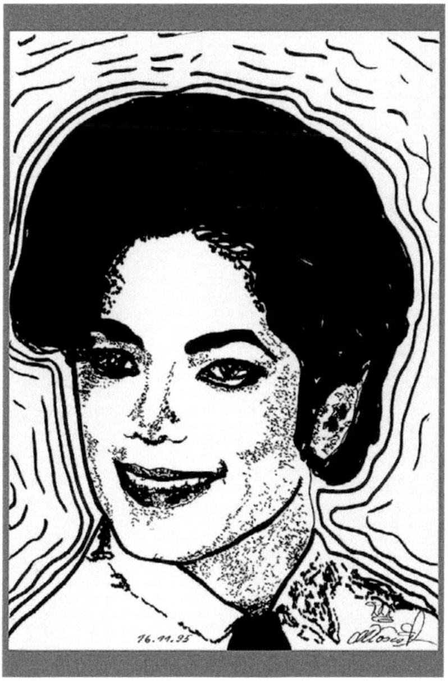
16.11.95

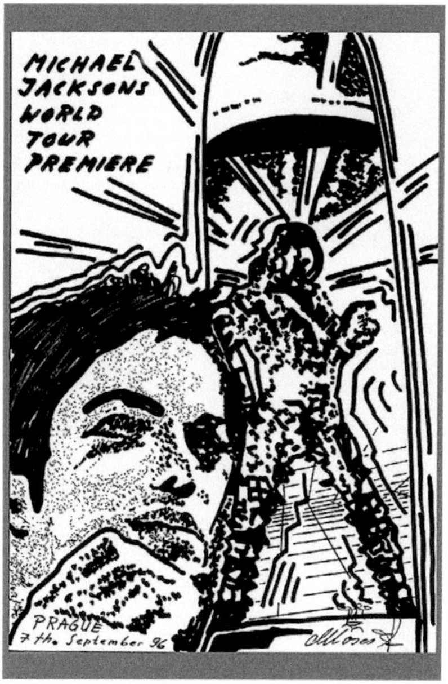
MICHAEL
JACKSONS
WORLD
TOUR
PREMIERE
PRAGUE
7 th. September 96

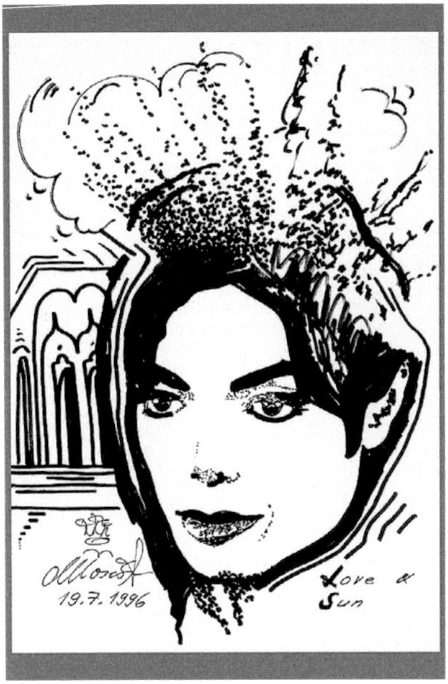
19.7.1996
Love &
Sun

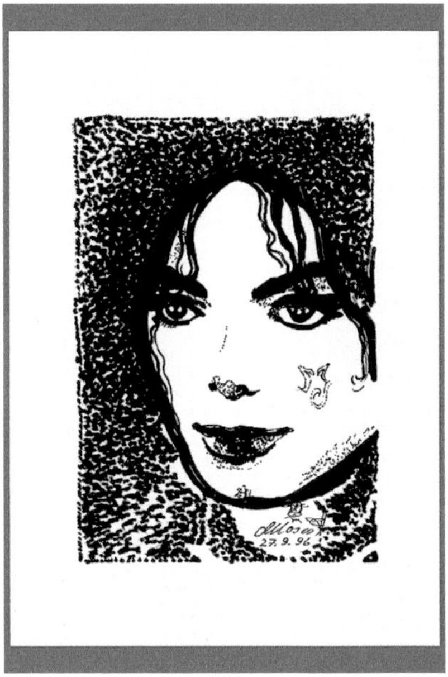
27.9.96

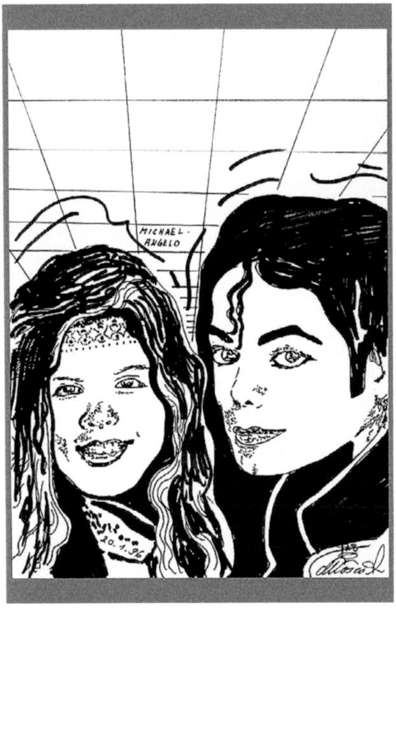
MICHAEL-
ANGELO
20.1.96

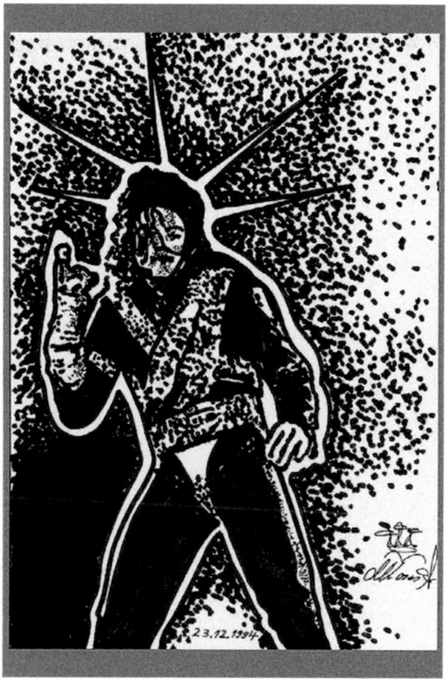
23.12.1994

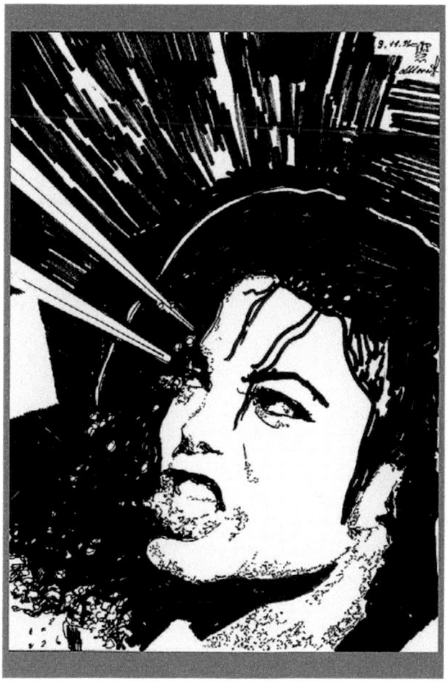

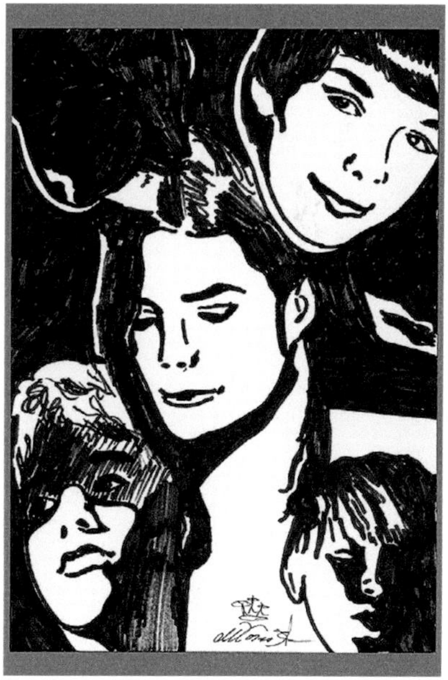

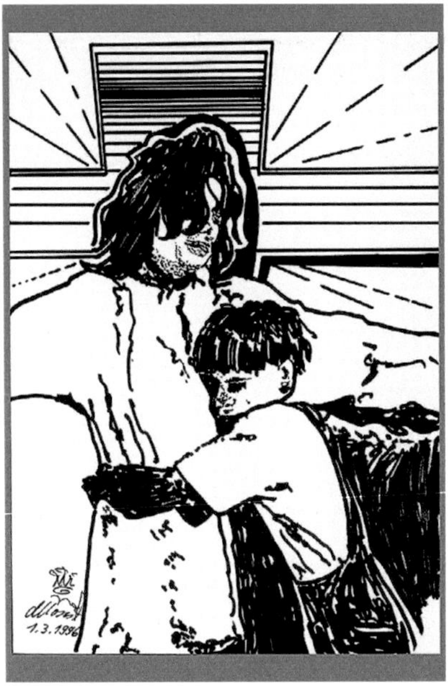

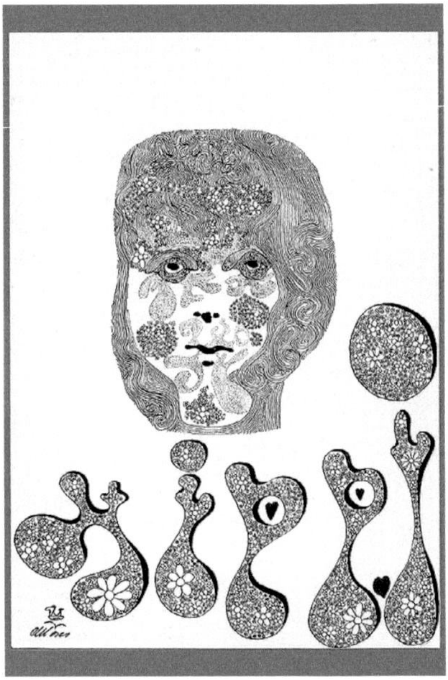

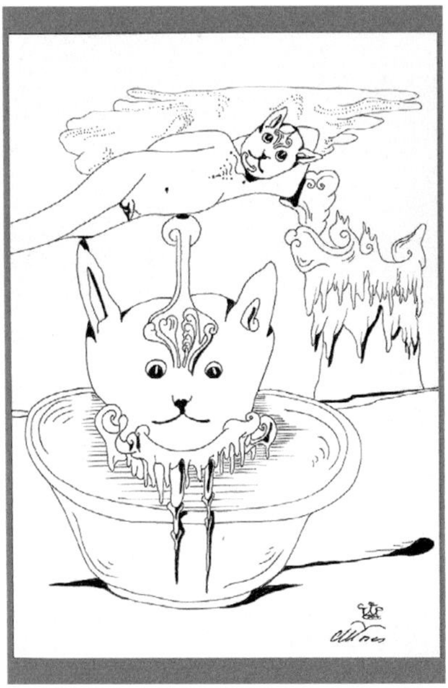

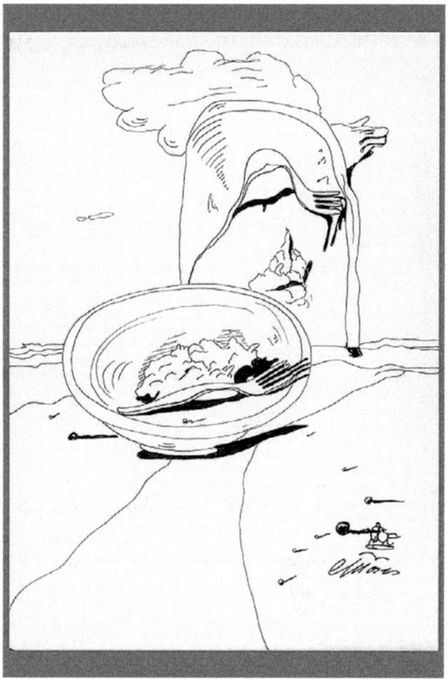

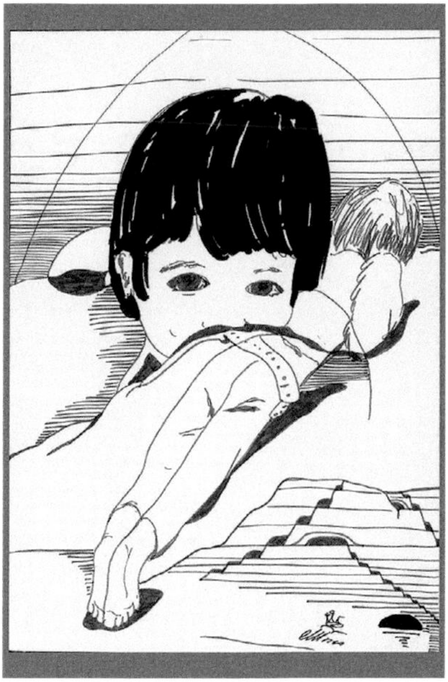

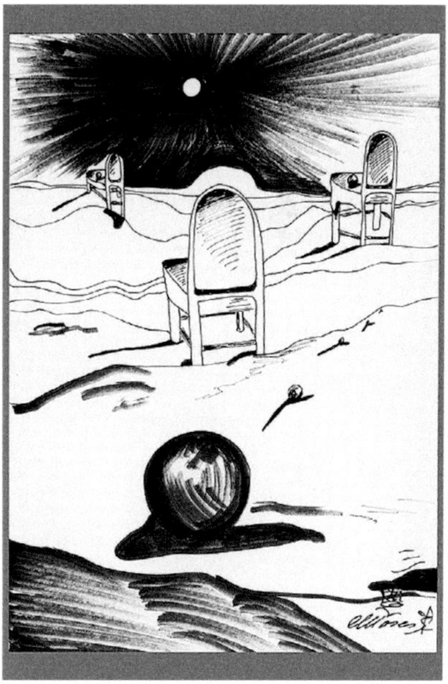

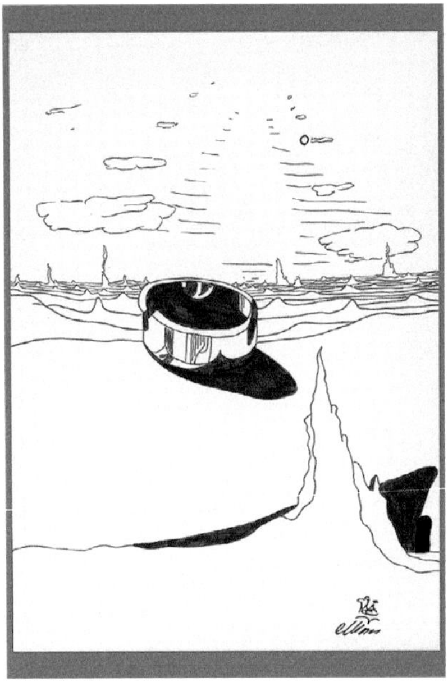

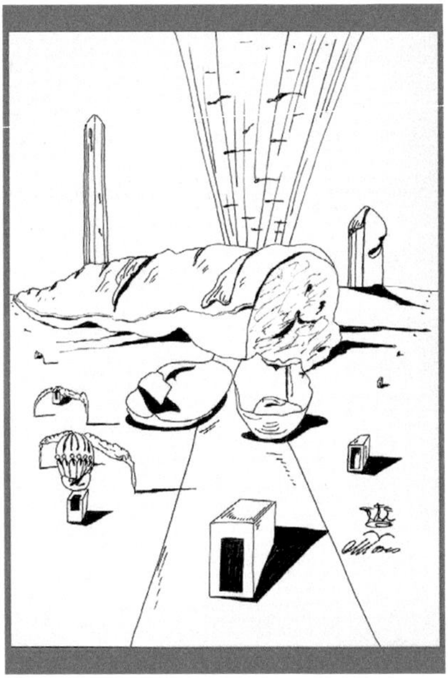

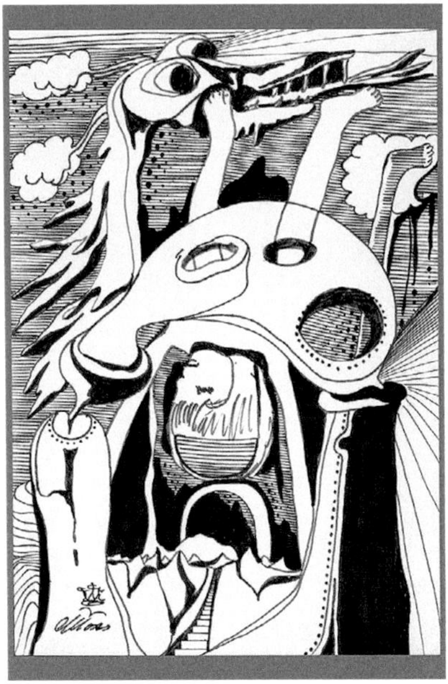

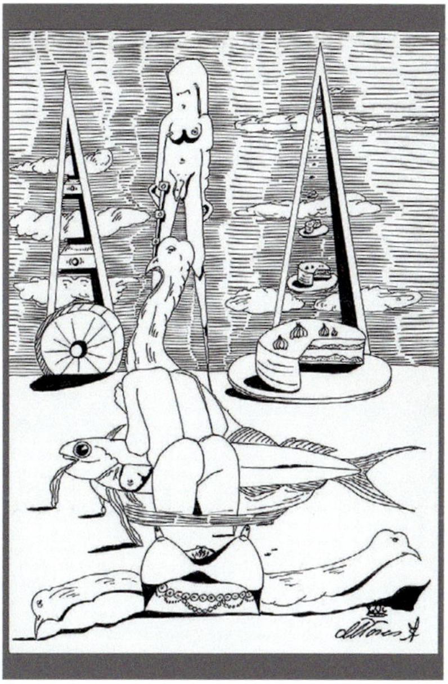

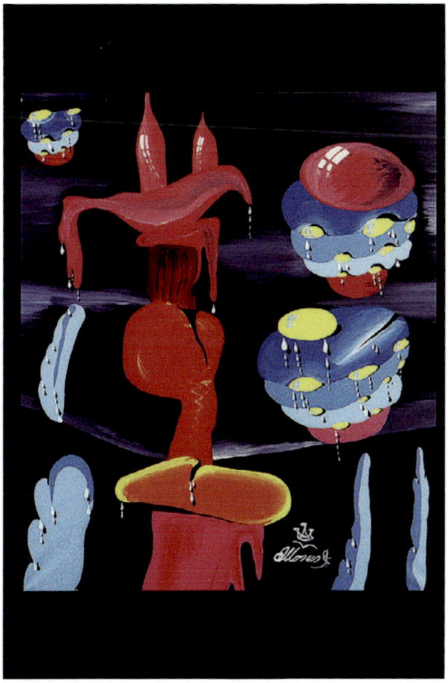

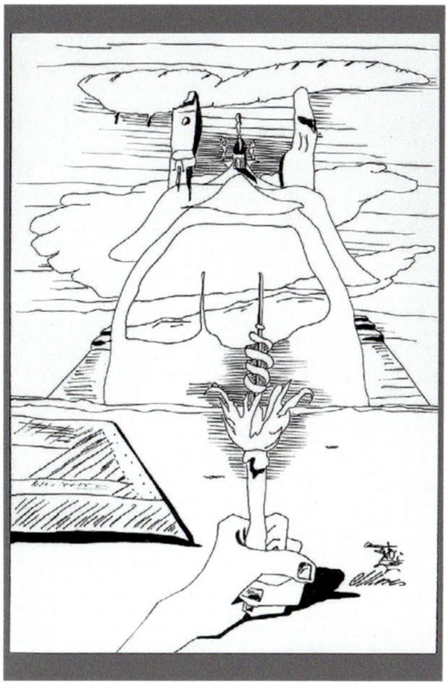

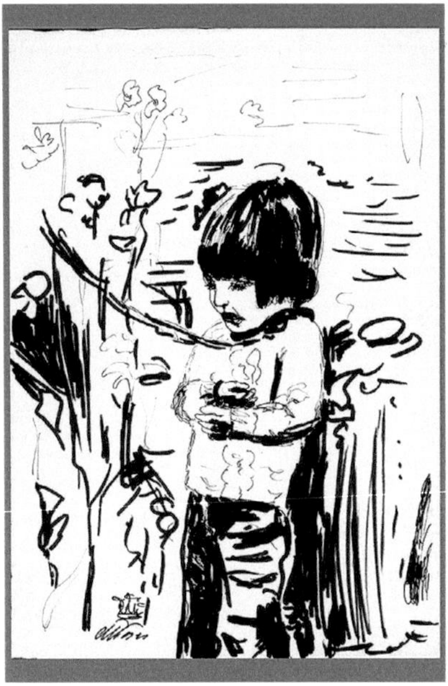

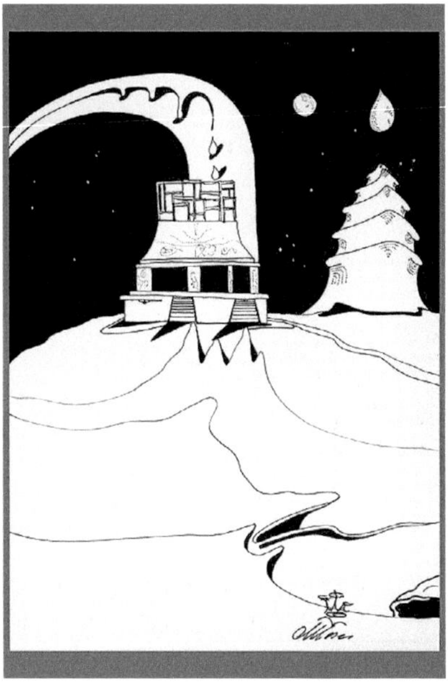

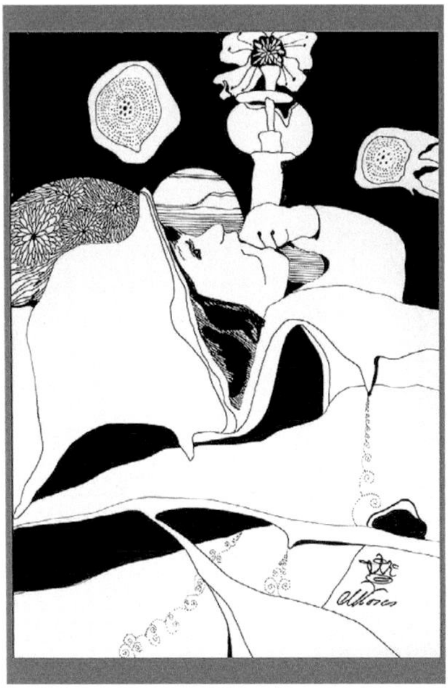

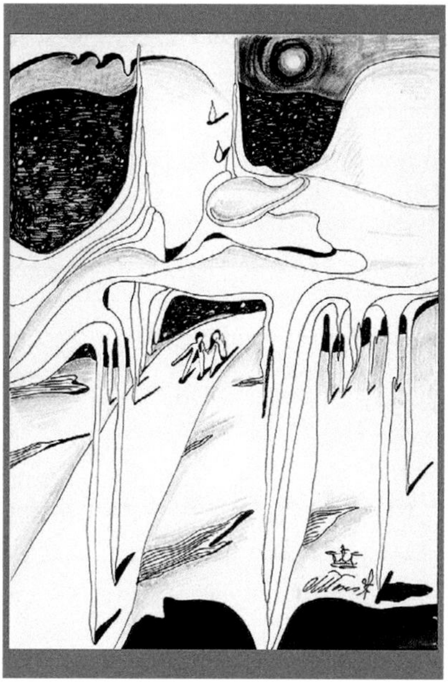

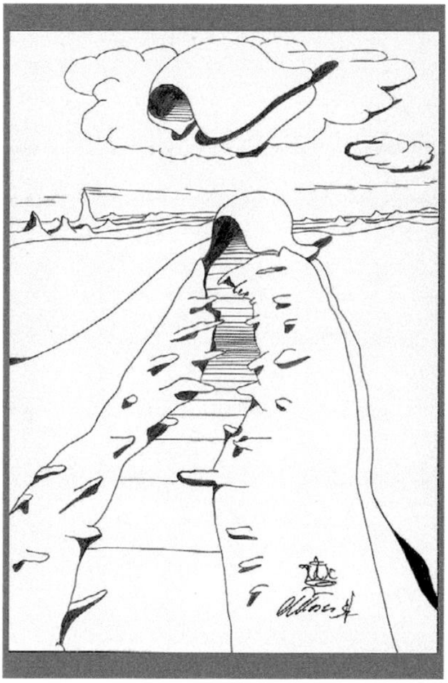

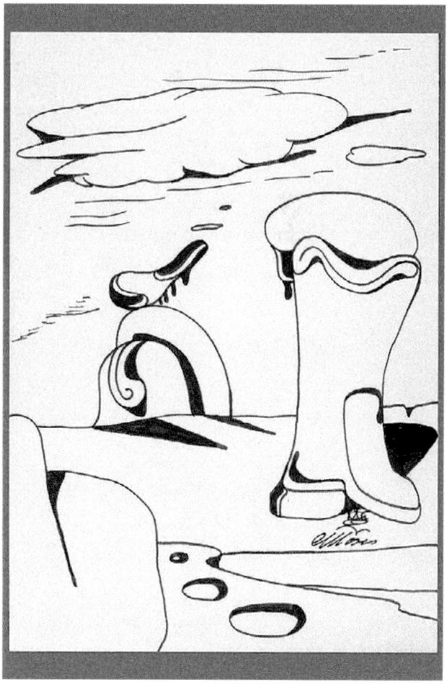

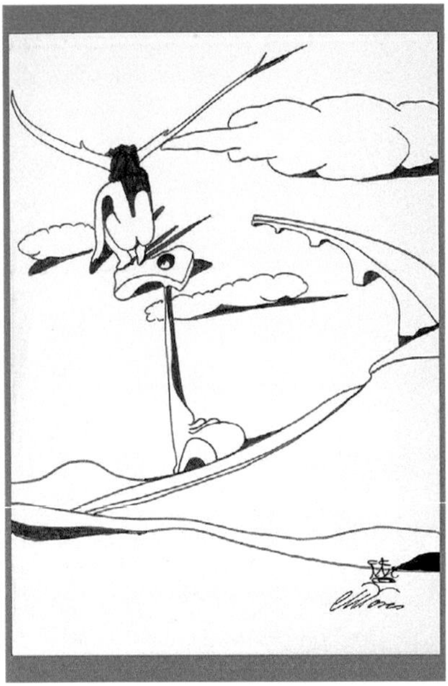

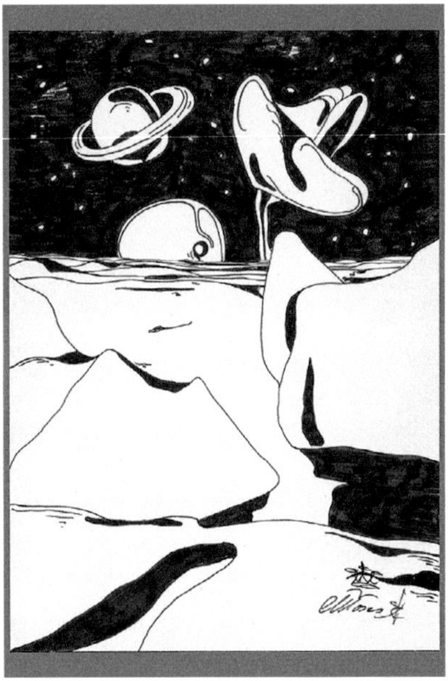

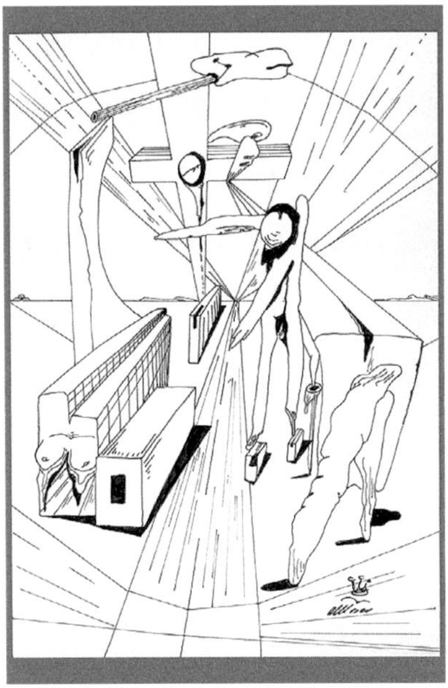

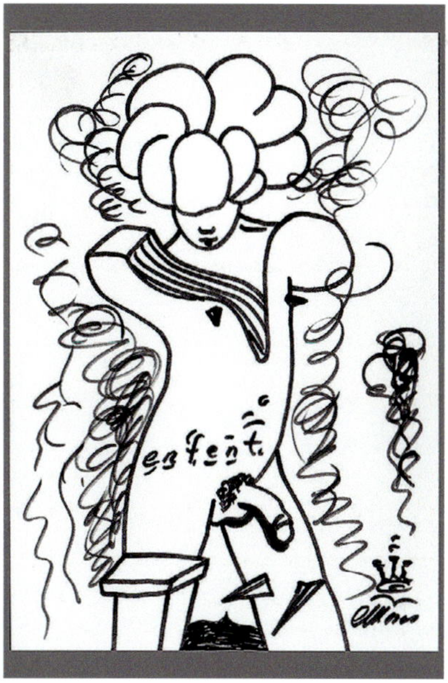

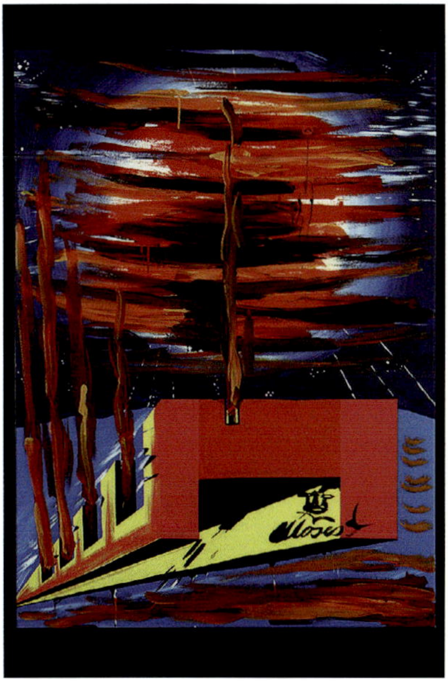

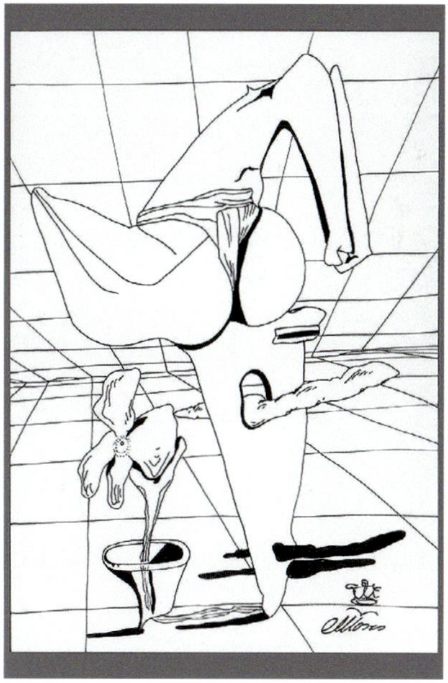

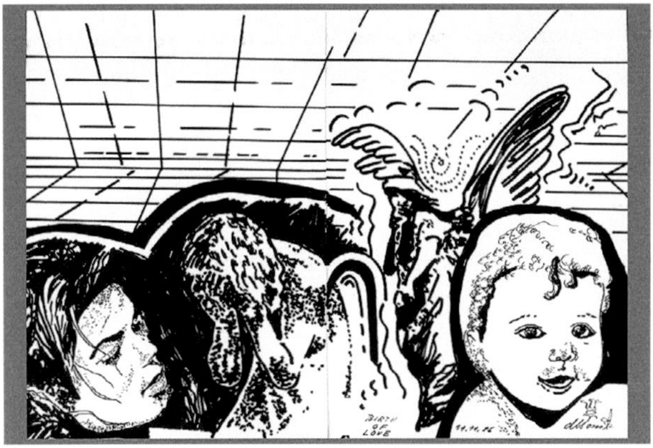
BIRTH
OF
LOVE

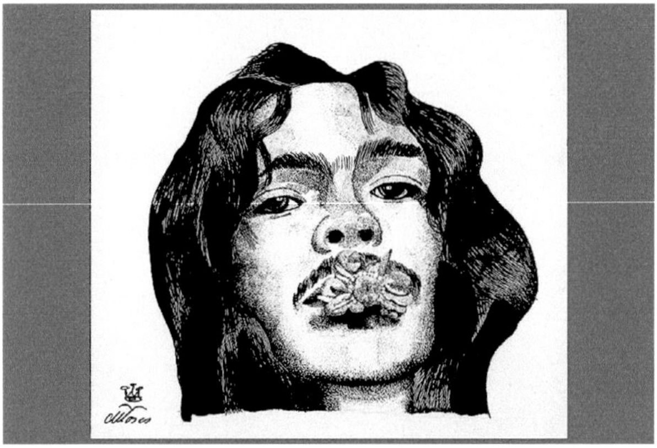

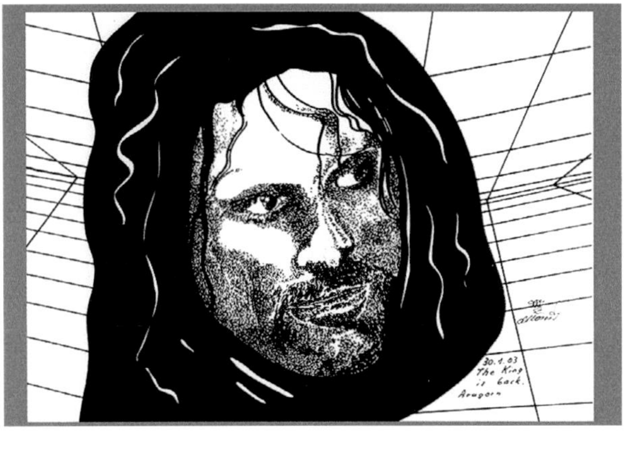
30.1.03
The King
is back.
Aragorn

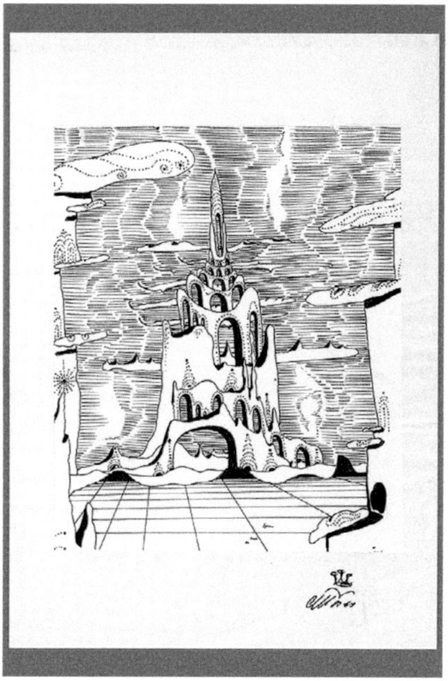

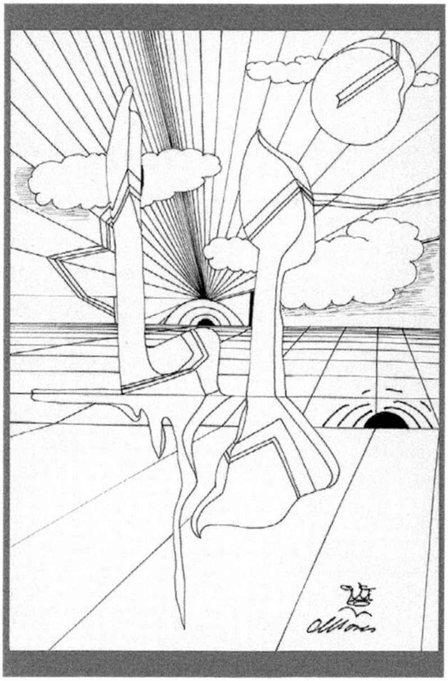

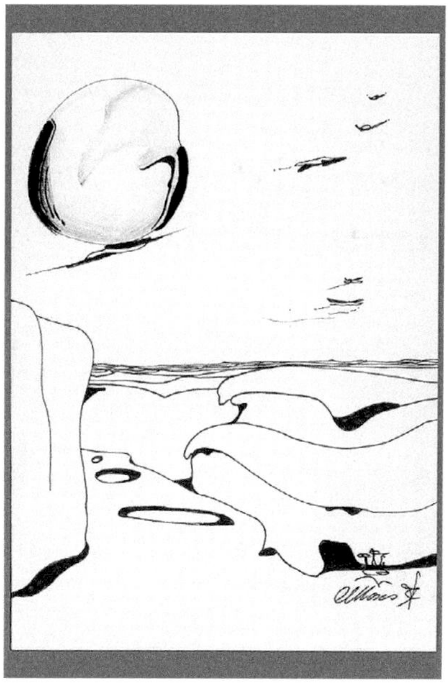

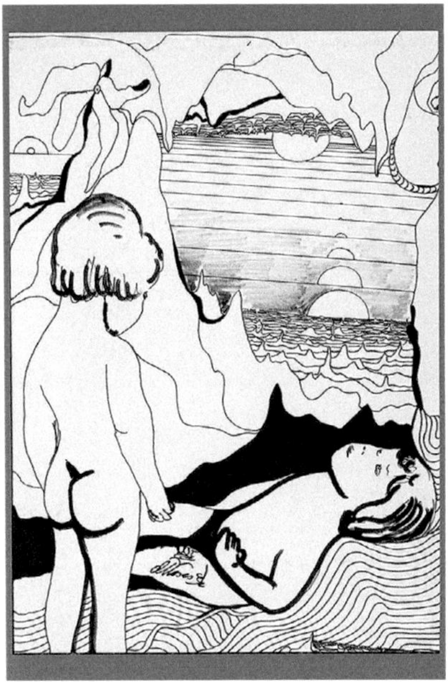

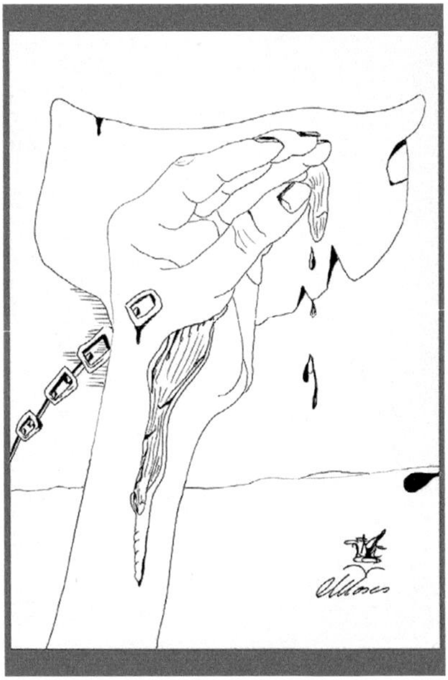

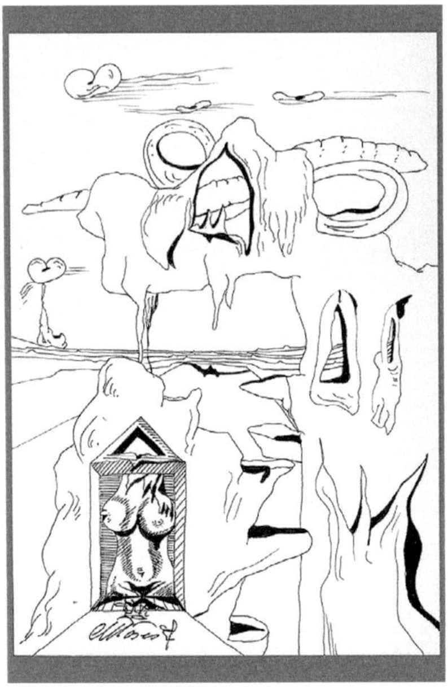

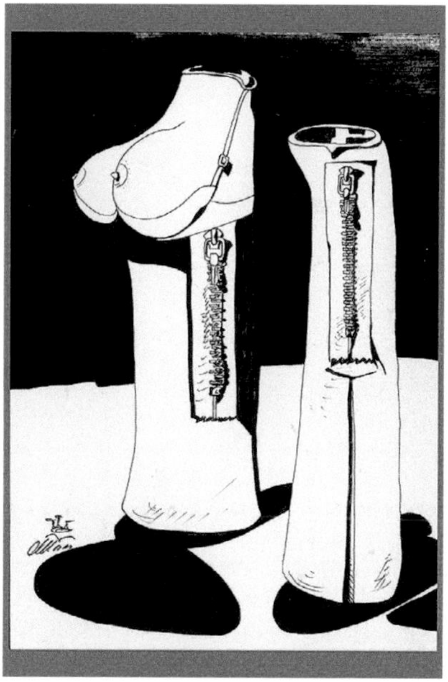

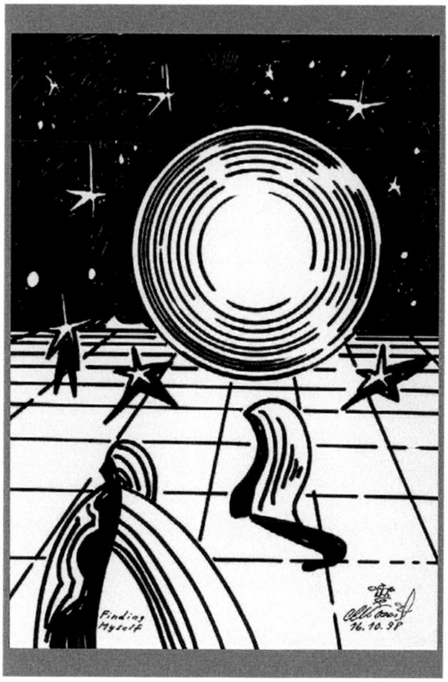
Finding
Myself
16.10.98

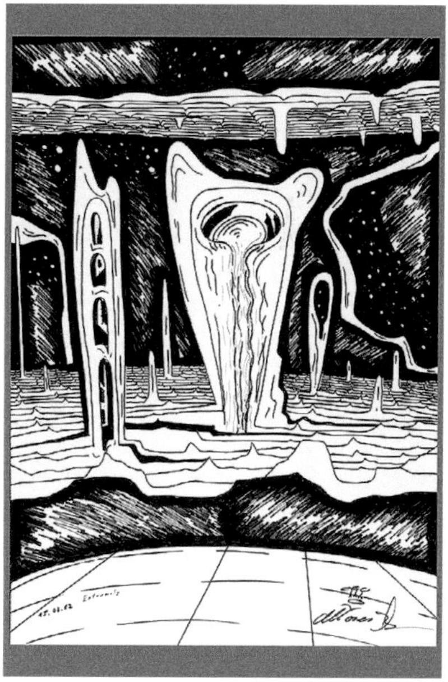

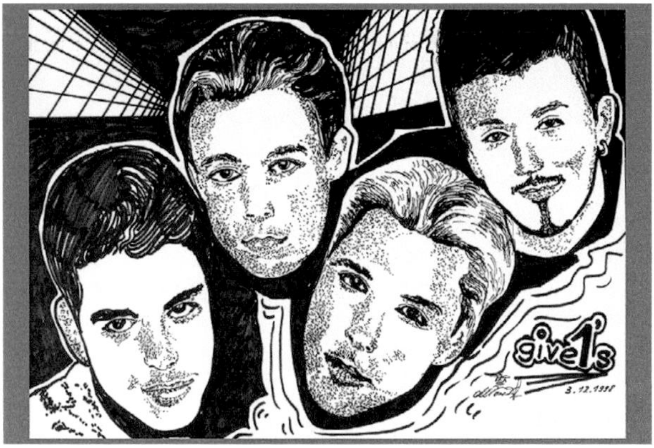
give1's
3.12.1998

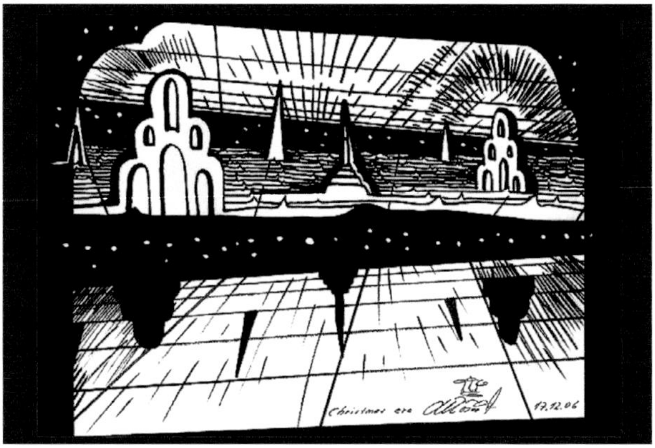
Christmas era
17.12.06

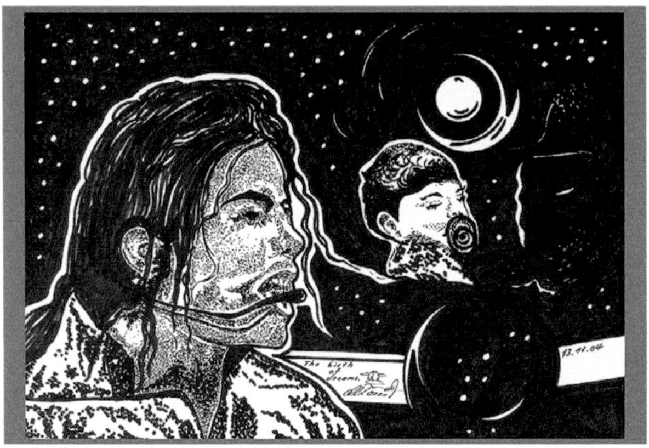
The birth of dreams,
13.11.04

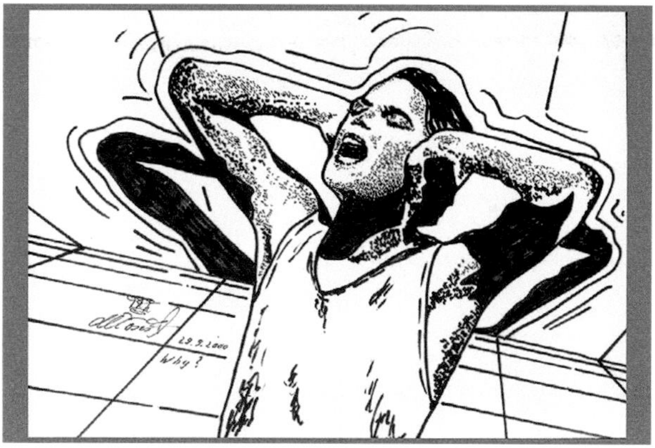
29.9.2000
Why?

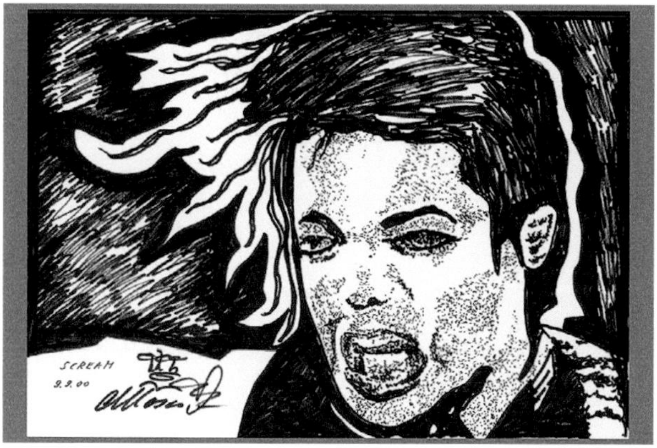
SCREAM
9.9.00

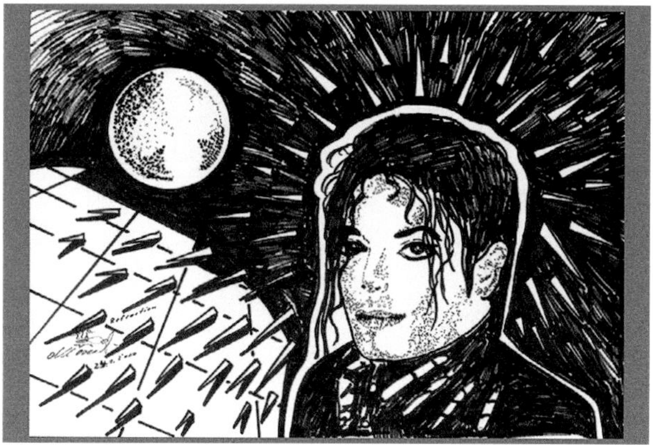

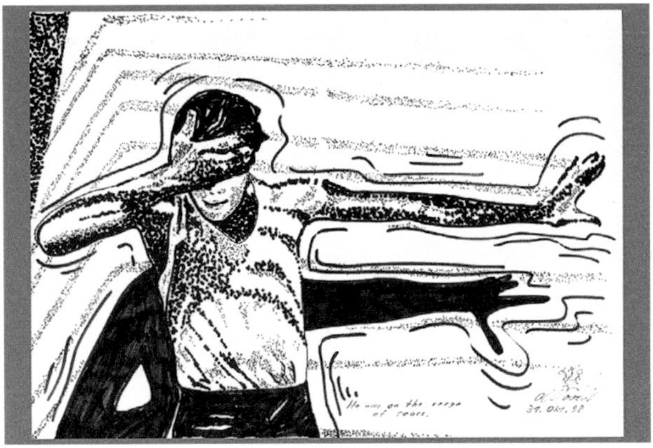
He was on the verge of tears.

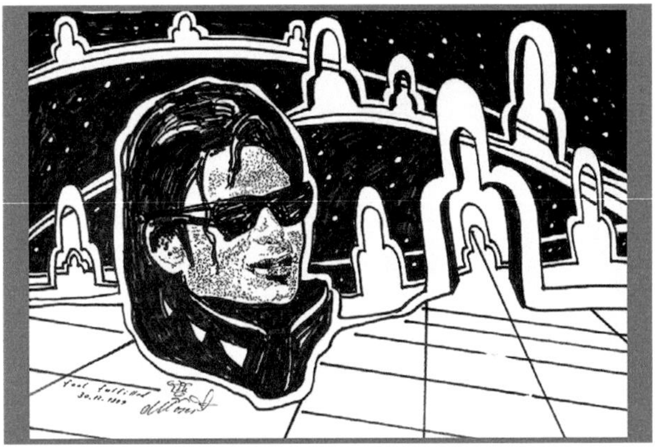
Feel fulfilled
30.11.1999

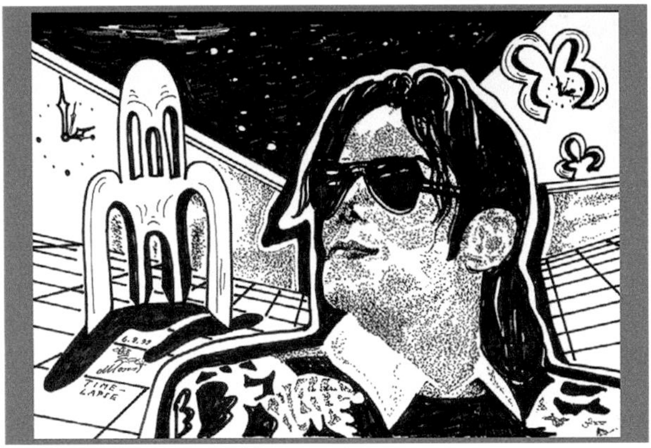
6.9.99
TIME-LAPSE

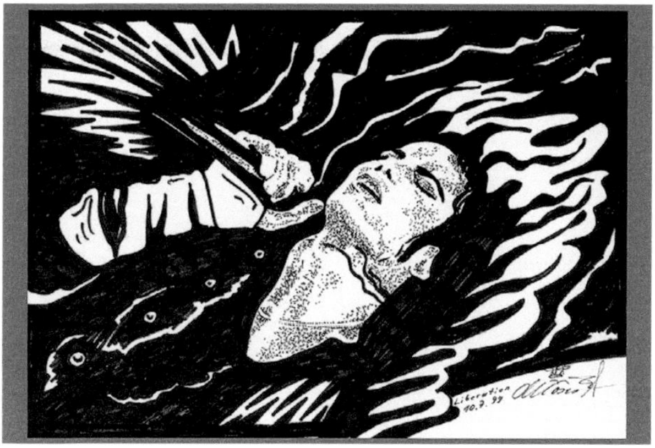
Liberation
10.7.99

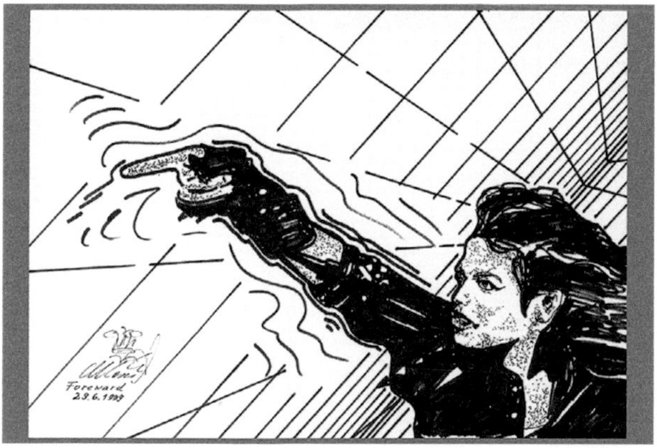
Foreward
29.6.1999

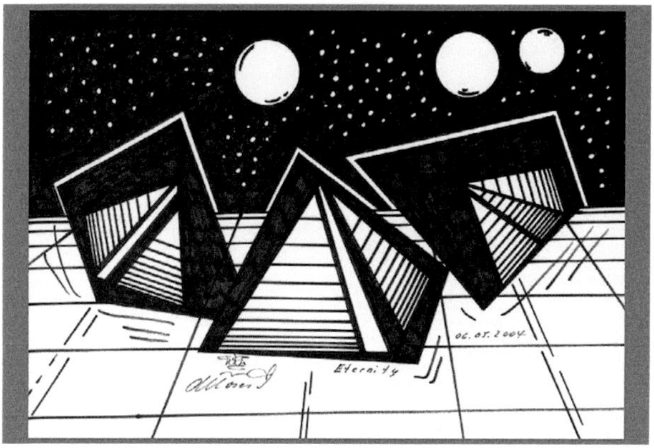
06.05.2004
Eternity

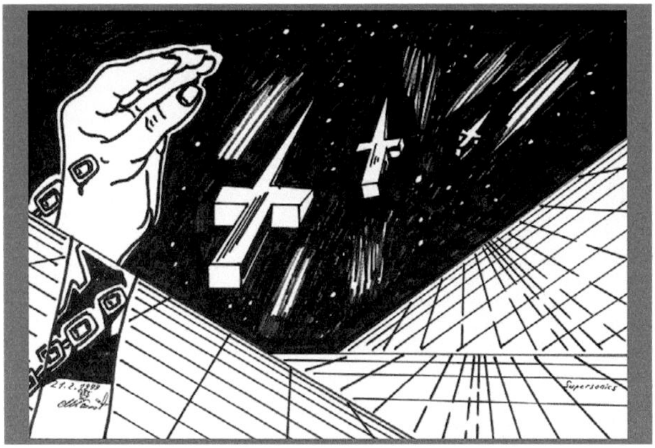
Supersonics

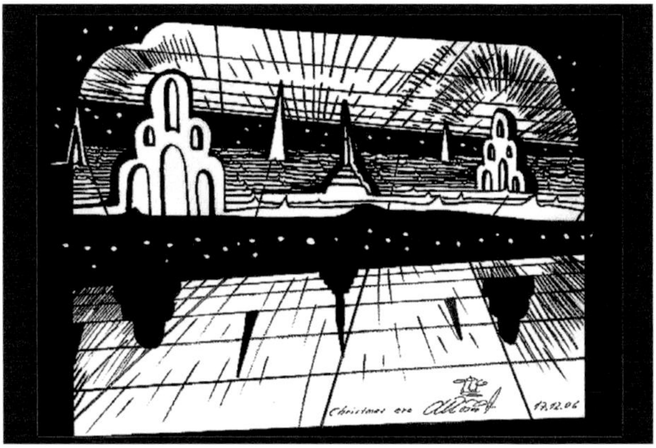
Christmas era
17.12.06

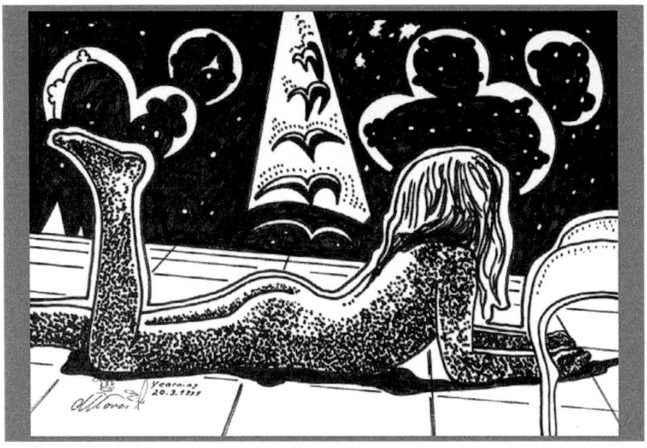
Yearning

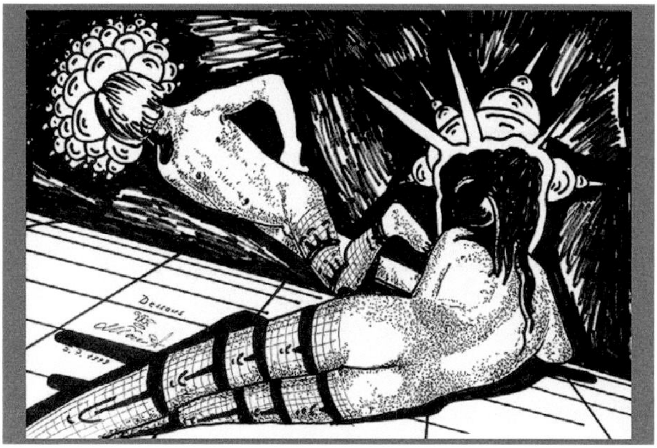
Dessous

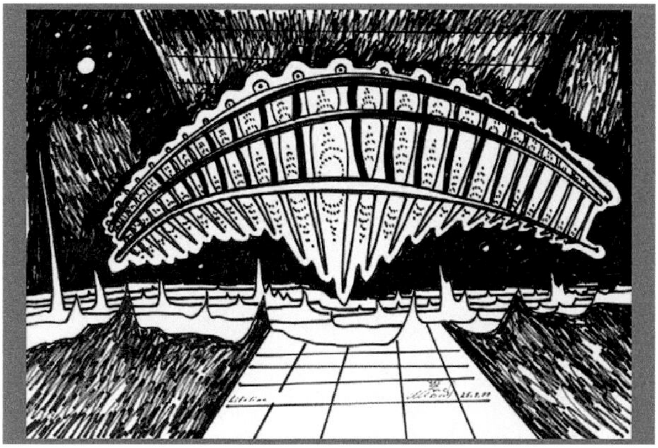

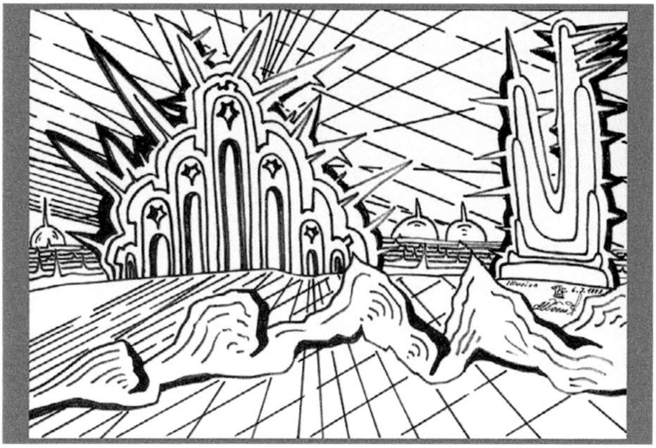

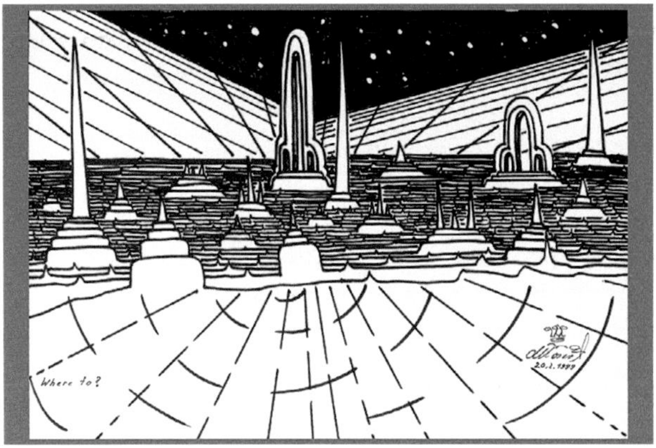
Where to?
20.1.1999

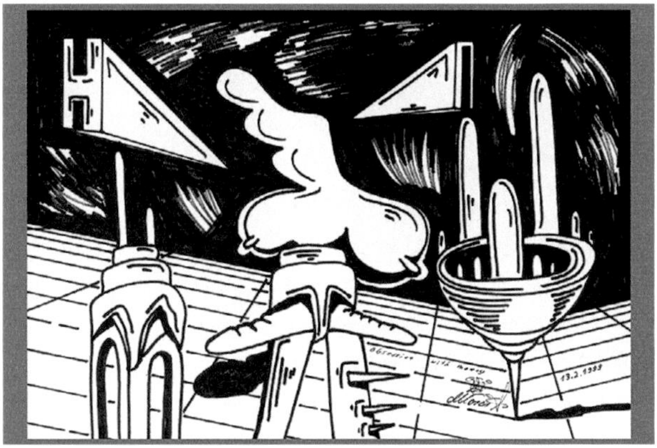
Obsession with money
13.2.1999

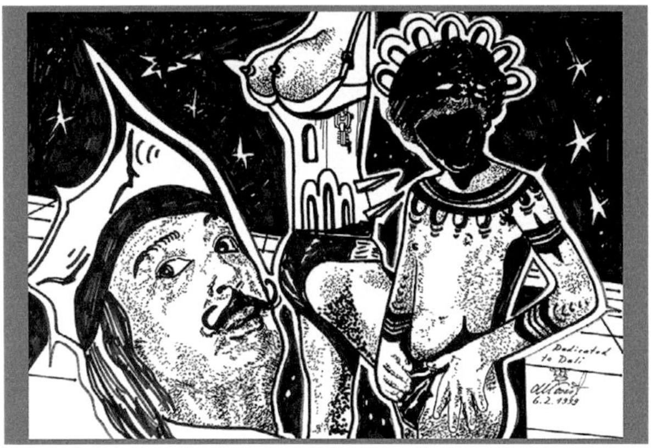
Dedicated to Dali
6.2.1999

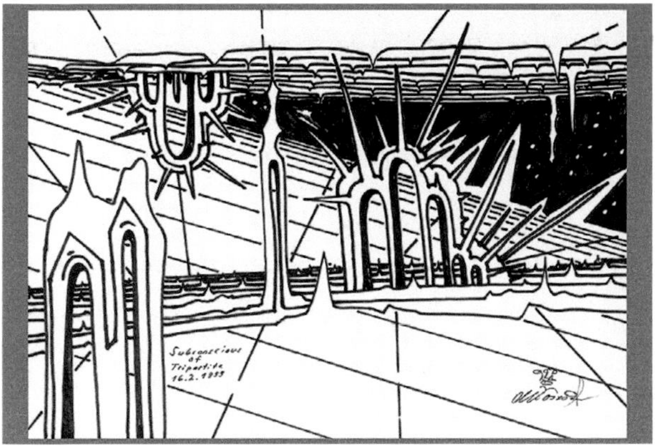
Subconscious
of
Tripartite

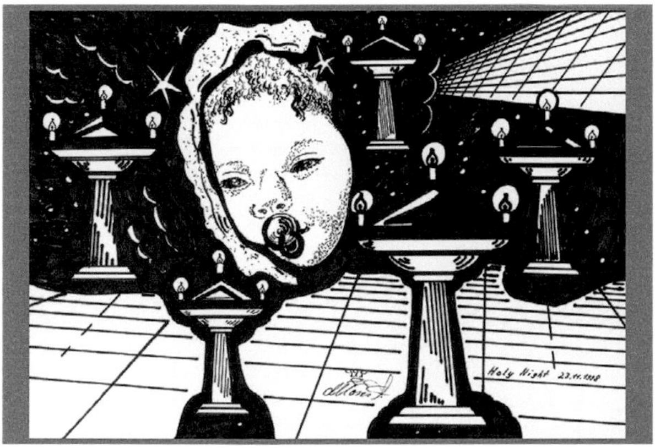
Holy Night

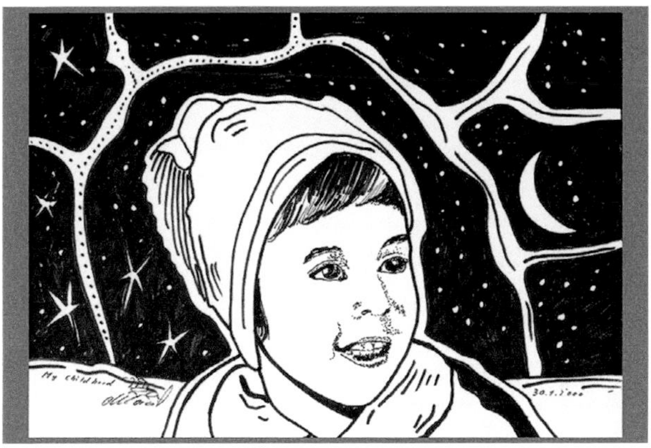
My childhood

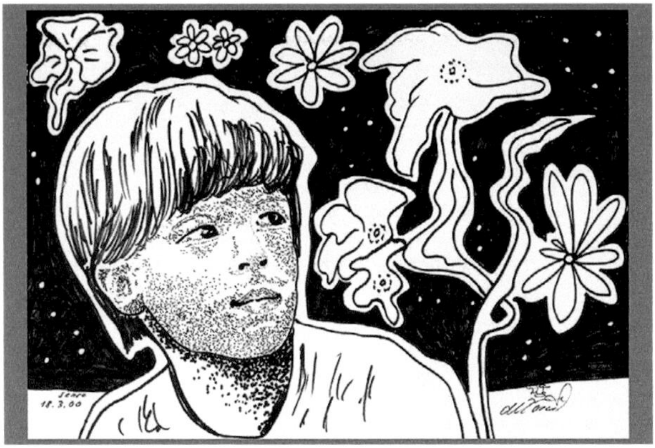
18.3.00

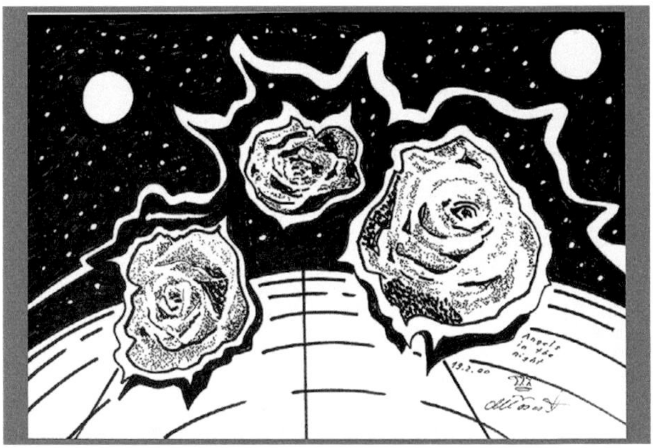
Angels in the night
19.3.00

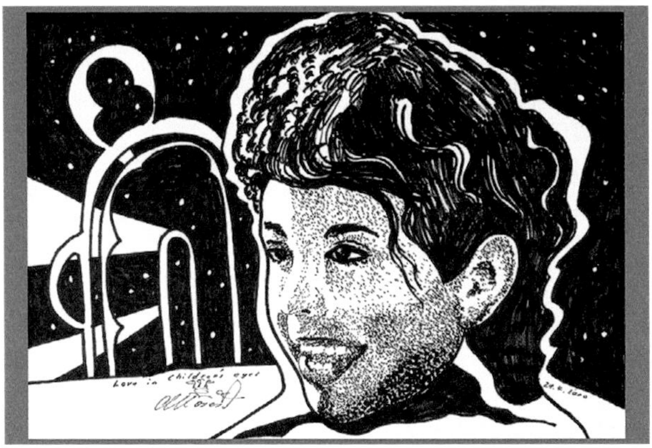
Love in children's eyes

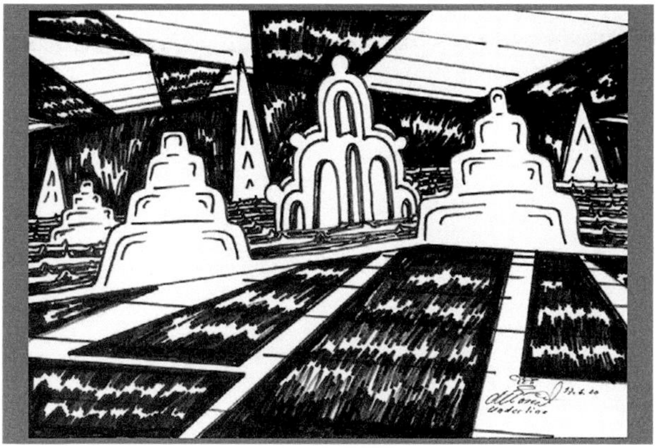

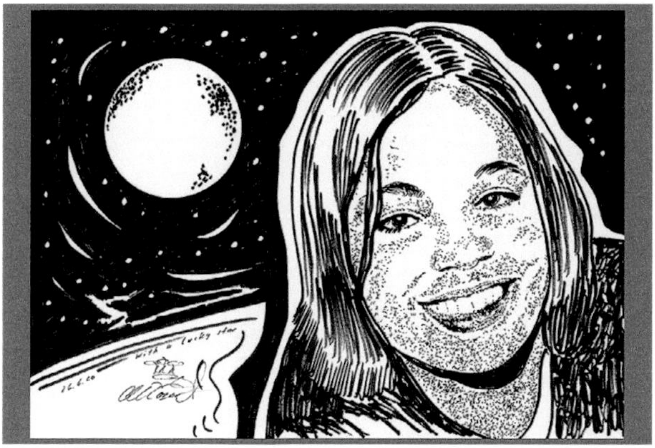

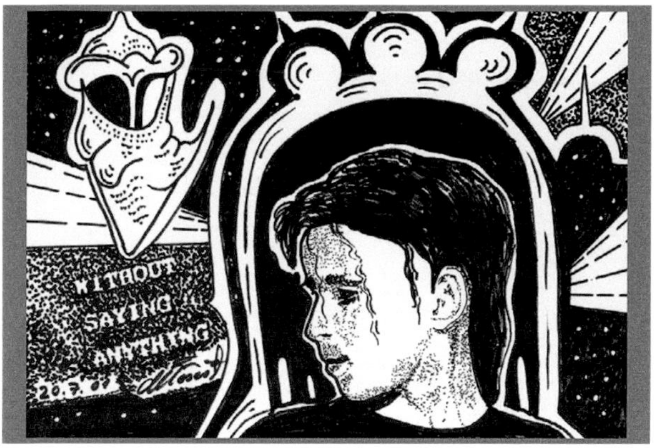
WITHOUT
SAYING
ANYTHING

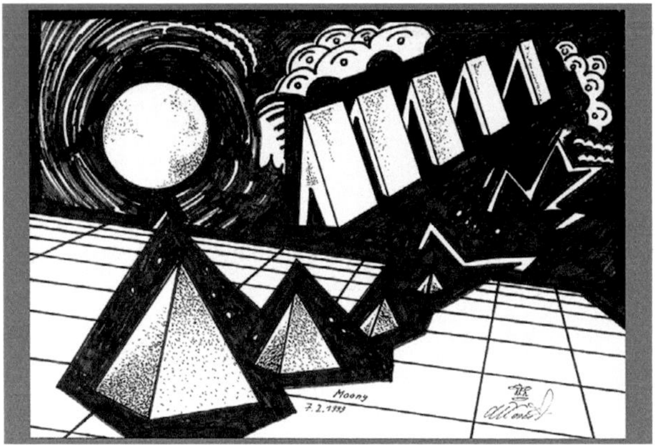
Moony
7.2.1999

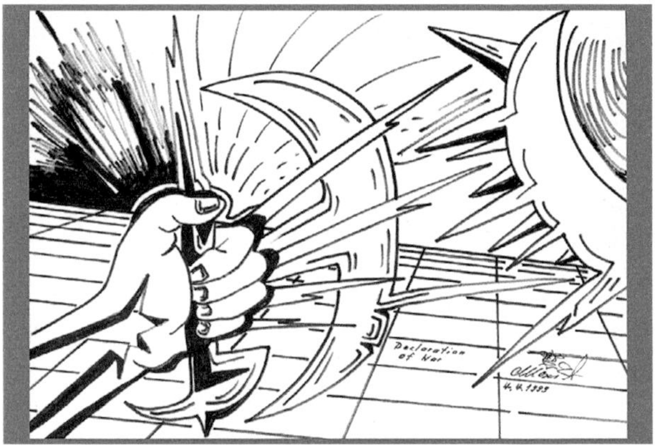
Declaration of War
4.4.1999

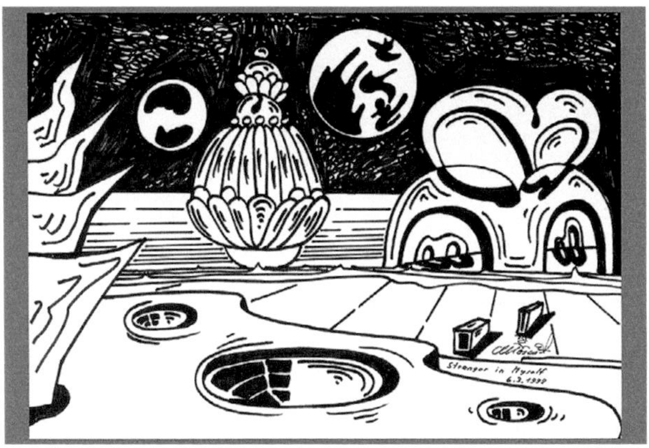
Stranger in Myself
6.3.1999

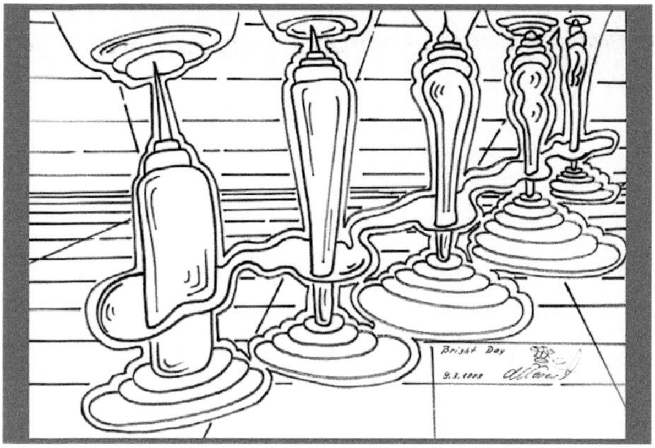
Bright Day

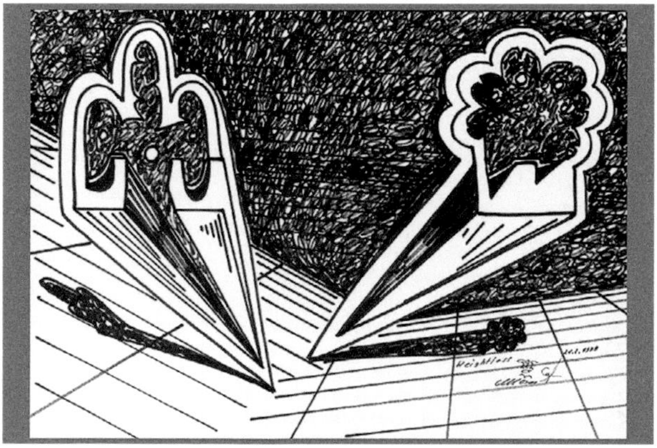
Weightless

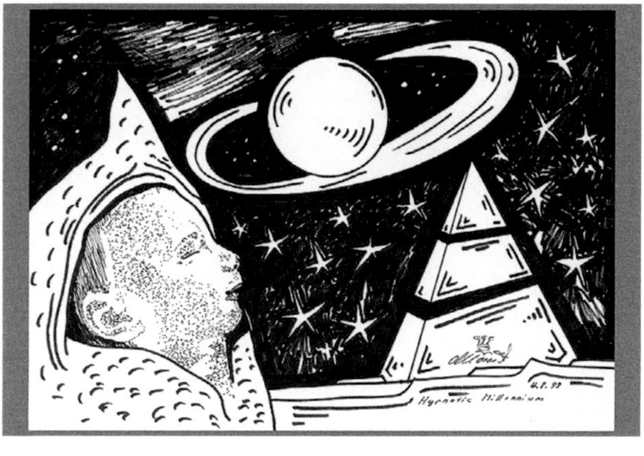
Hypnotic Millennium

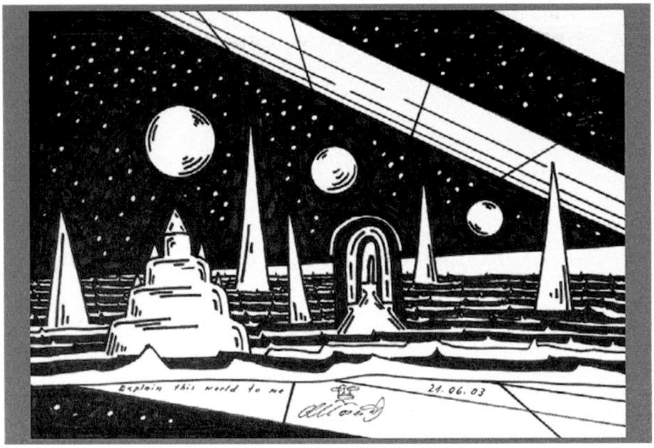
Explain this world to me
21.06.03

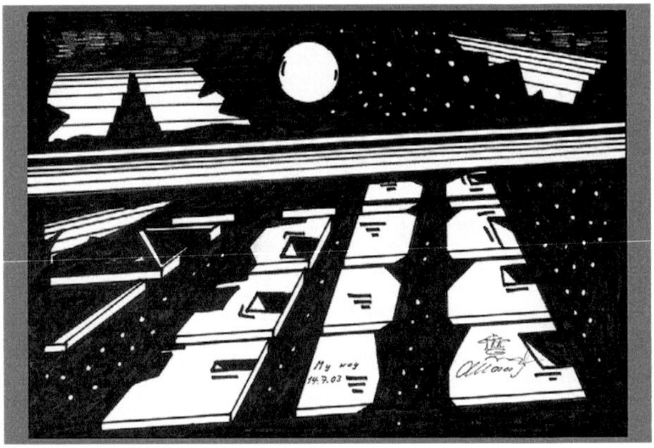
My way
14.7.03

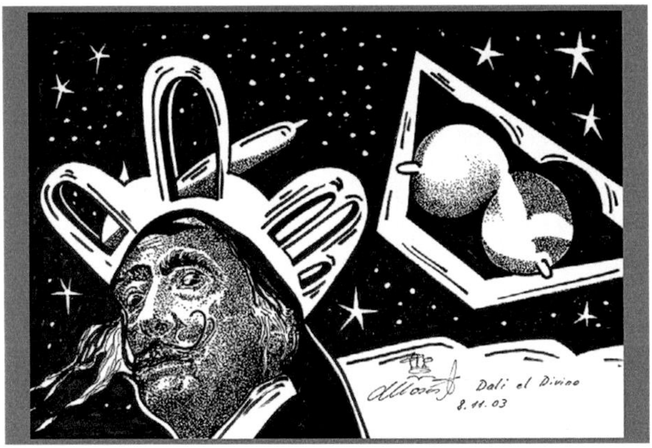
Dali el Divino
8.11.03

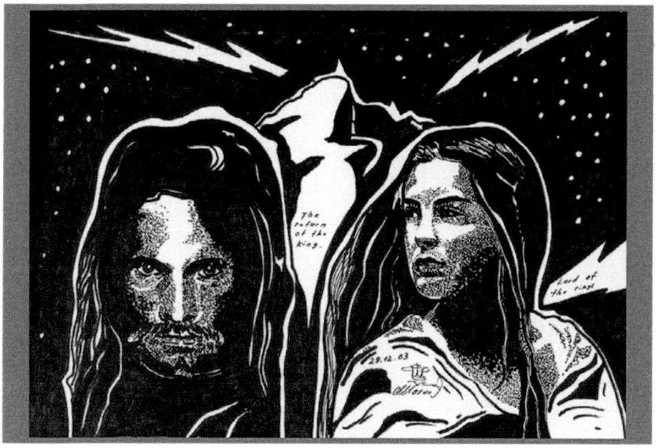
The return of the king.
Lord of the rings
29.12.03

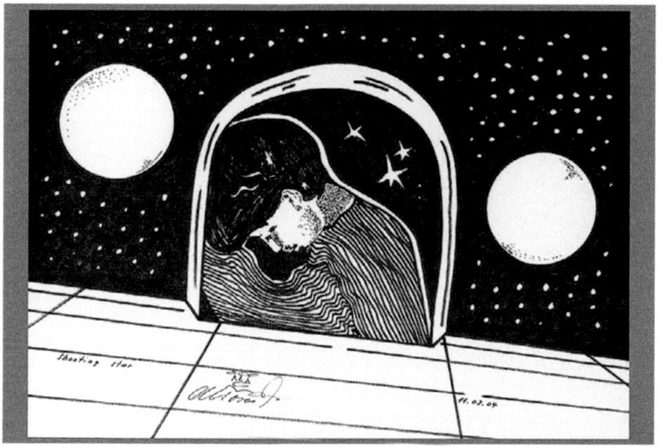
Shooting star
11.02.04

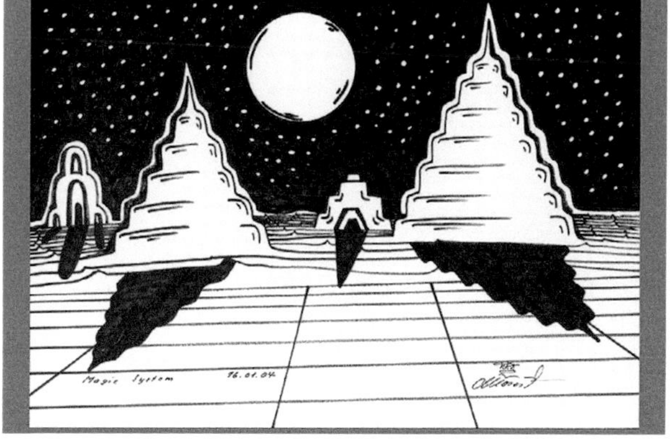
Magic System
16.01.04

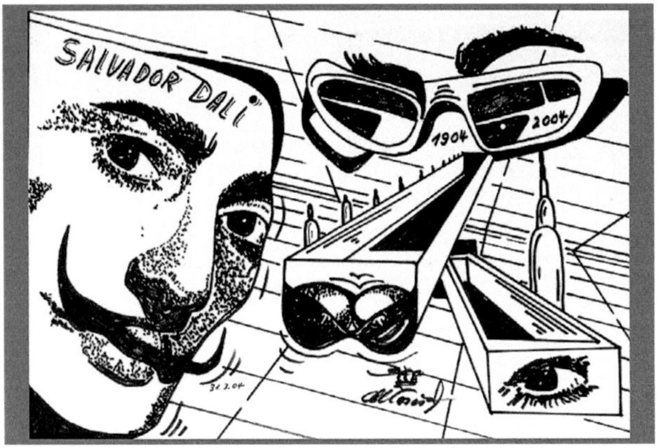
SALVADOR DALI
1904
2004
31.3.04

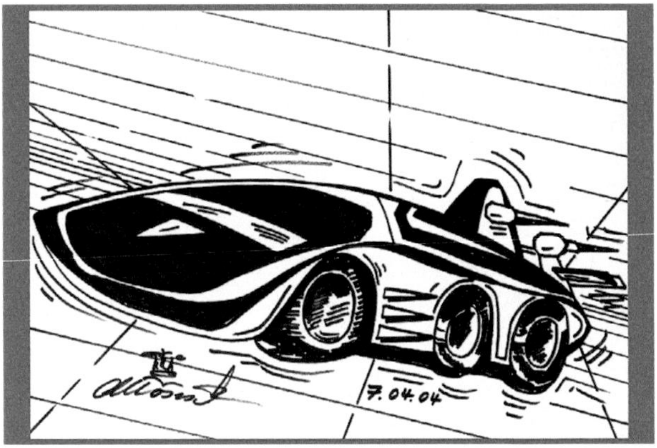
7.04.04

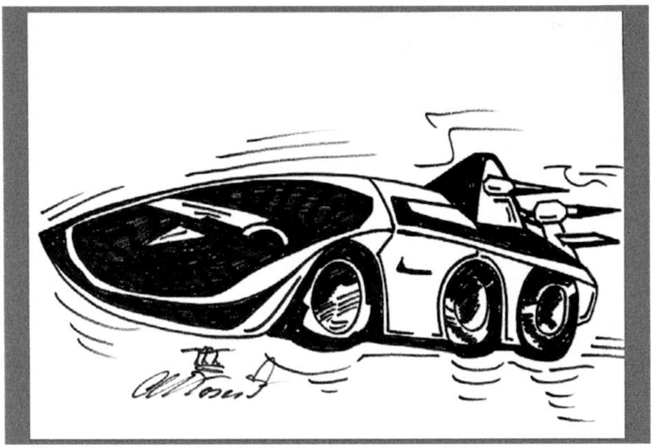

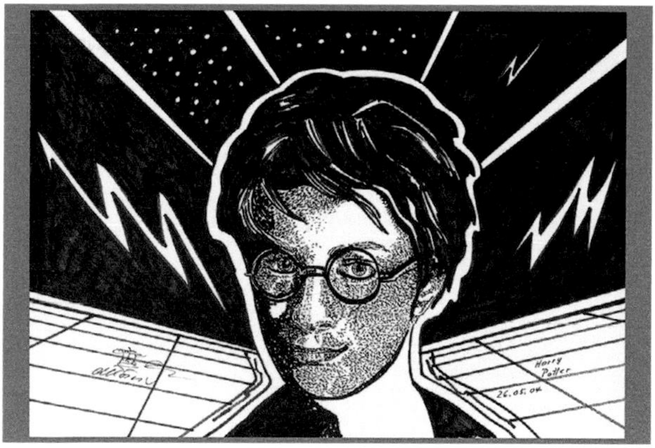
Harry
Potter
26.05.04

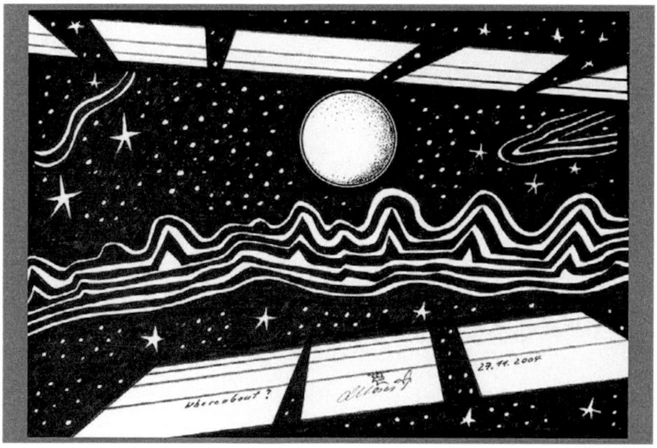
27.11.2004
Whereabout?

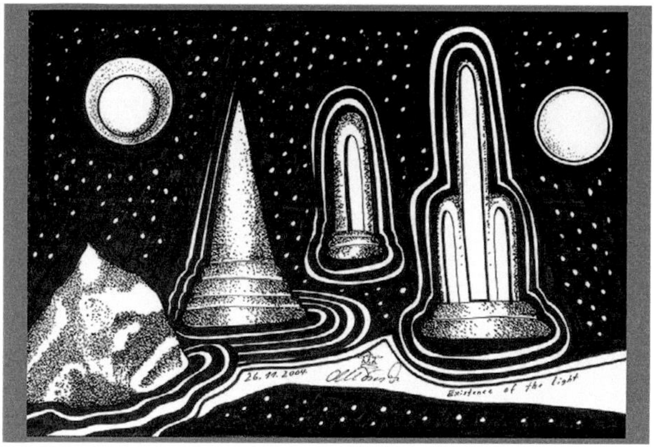
26.11.2004
Existence of the light

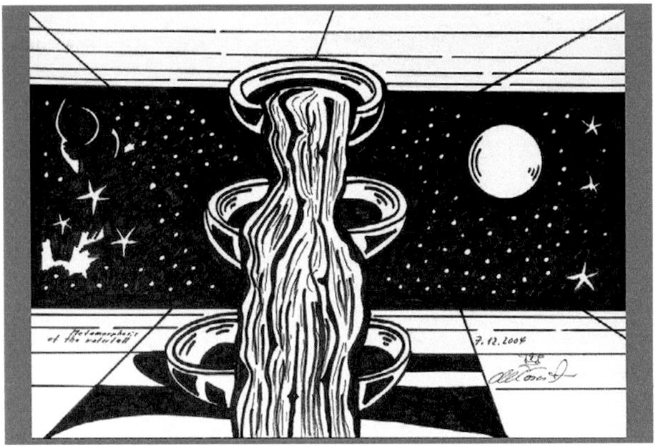
Metamorphosis
of the waterfall
7.12.2004

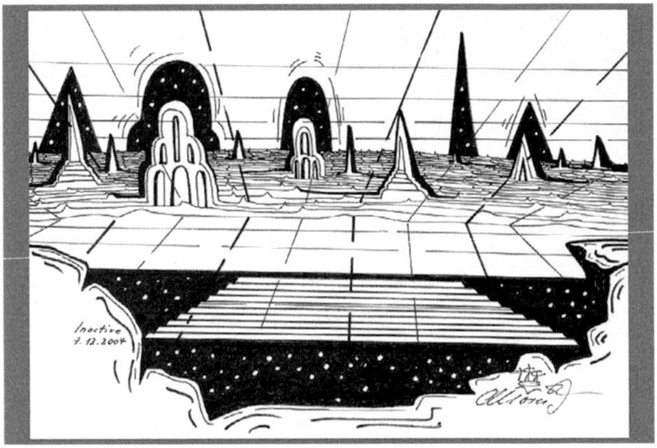
Inactive
7.12.2004

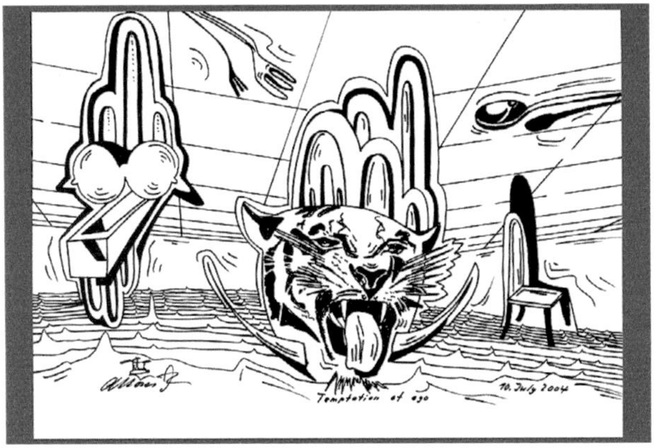
Temptation of ego
10. July 2004

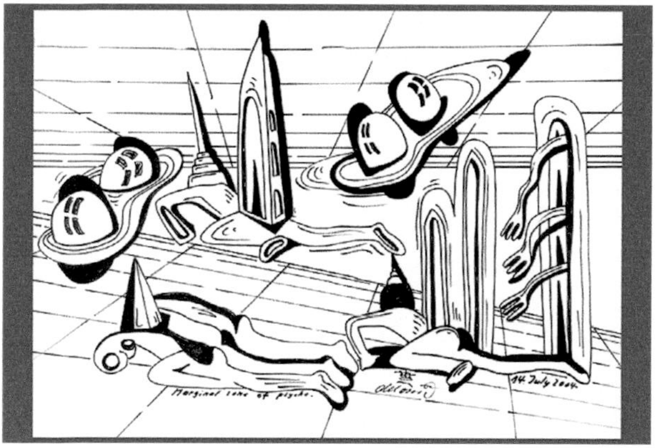
Marginal zone of psyche.
14 July 2004

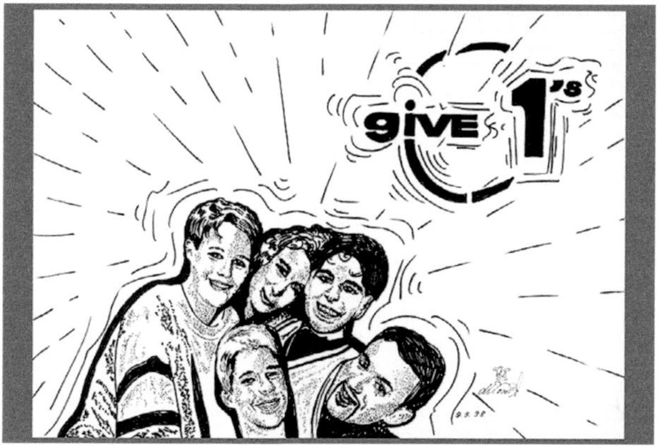
give 1's

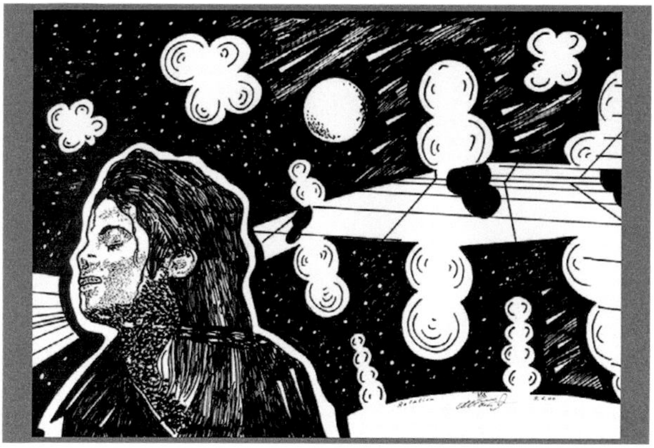
Rotation

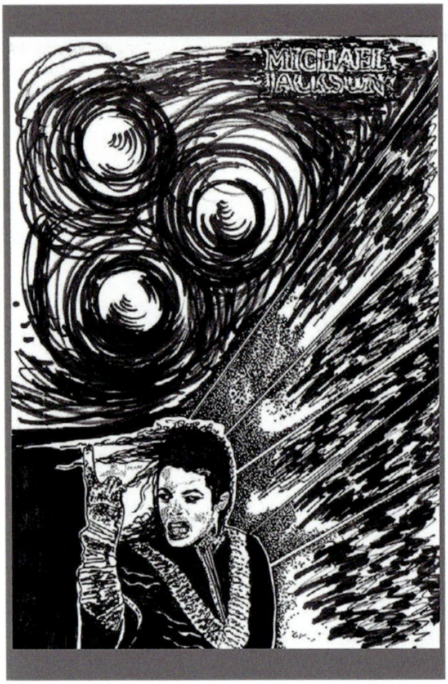
MICHAEL
JACKSON

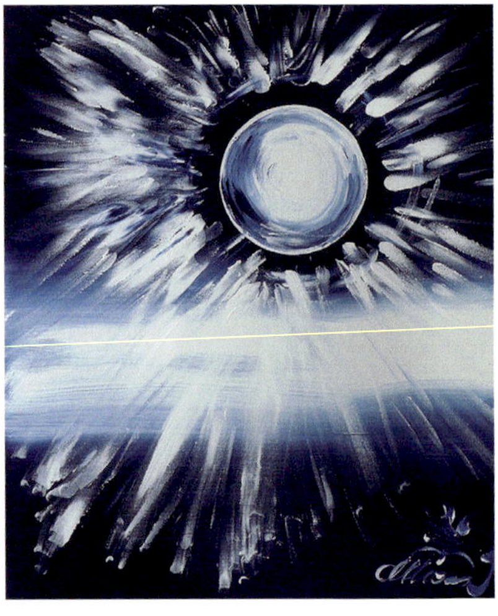

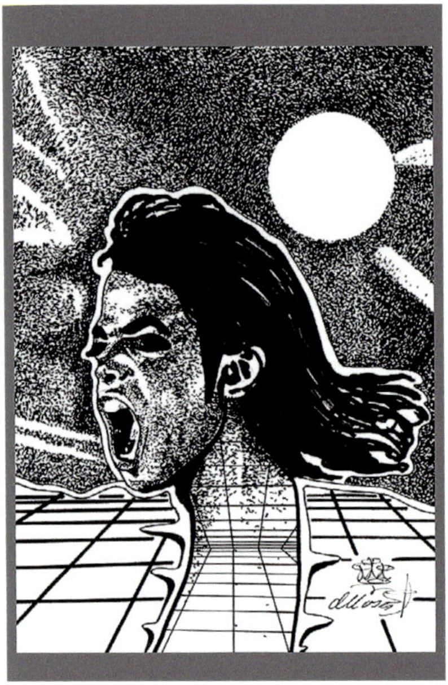

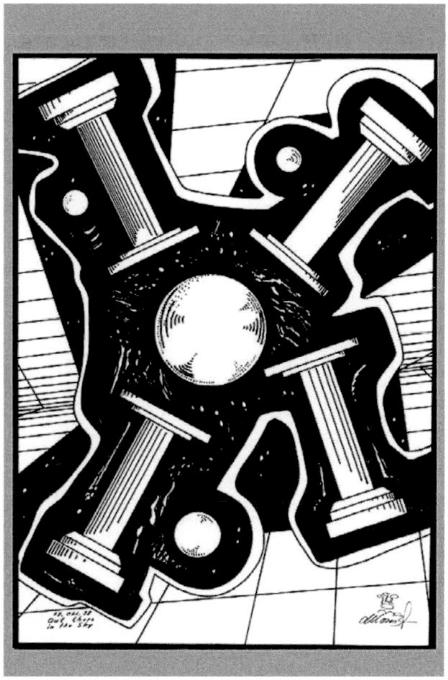

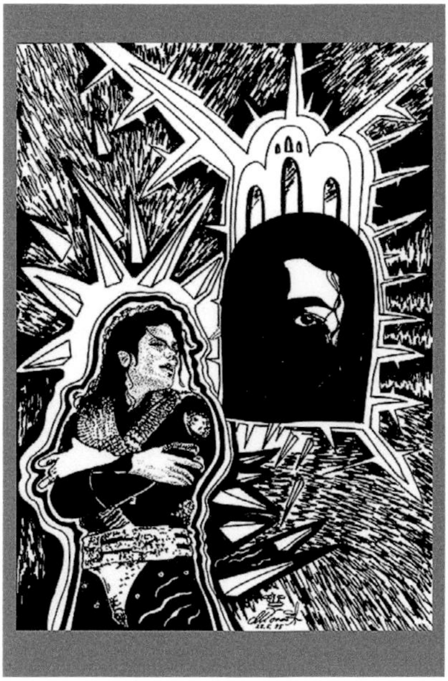

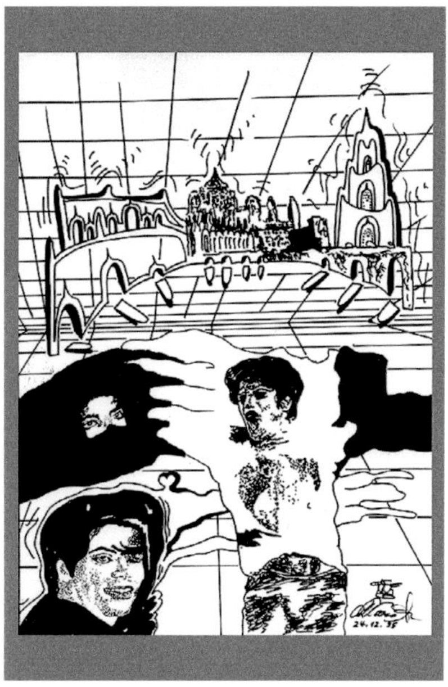

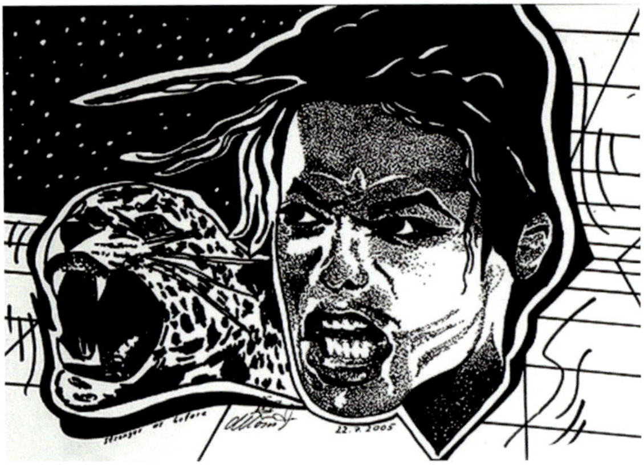
22.V.2005

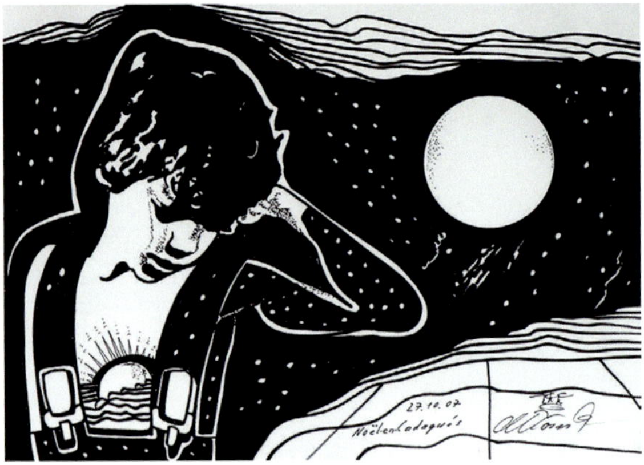
27.10.07

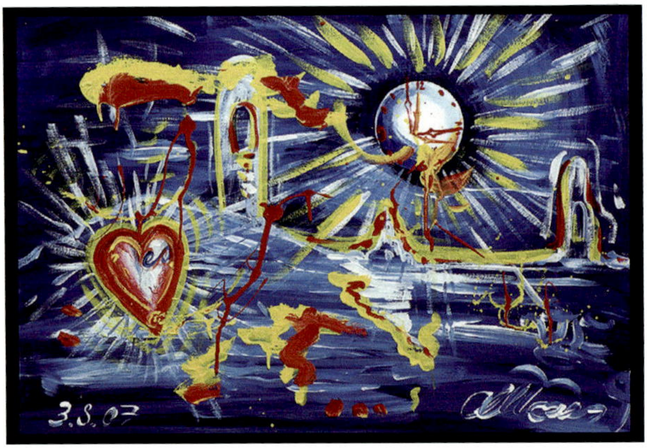
3.8.07

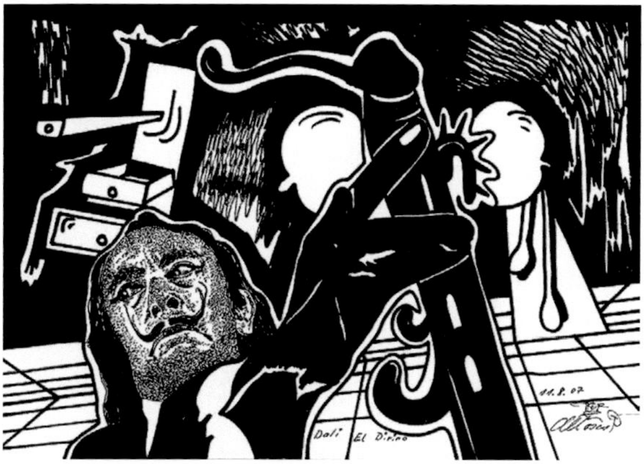
11.8.07
Dali El Divino

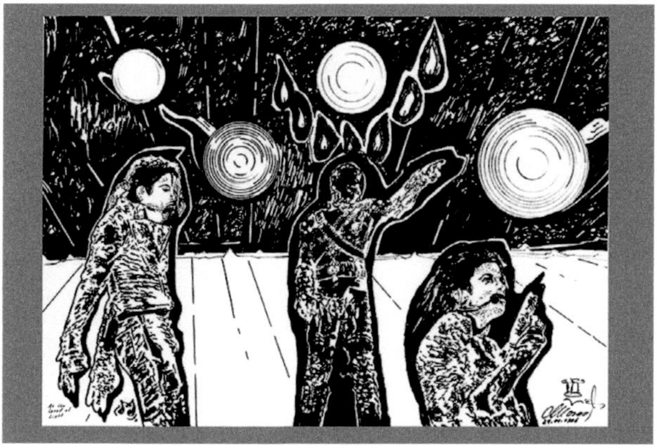

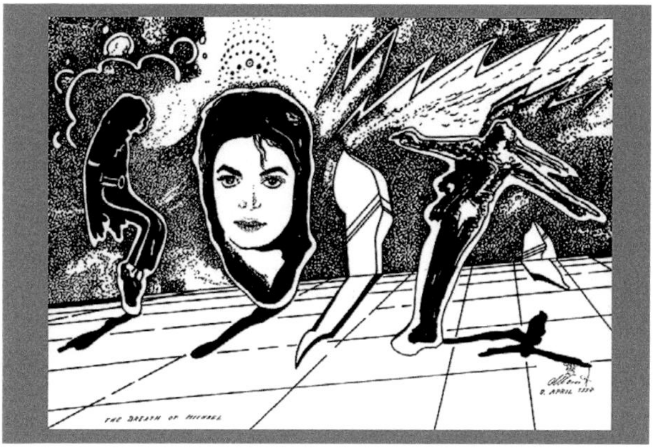
THE BREATH OF MICHAEL

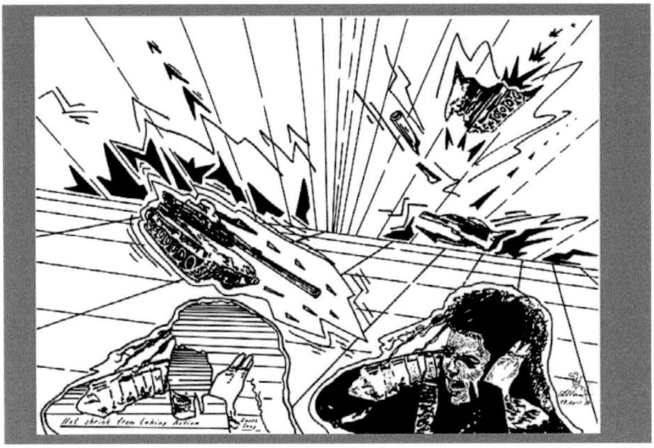
Not shrink from taking Action

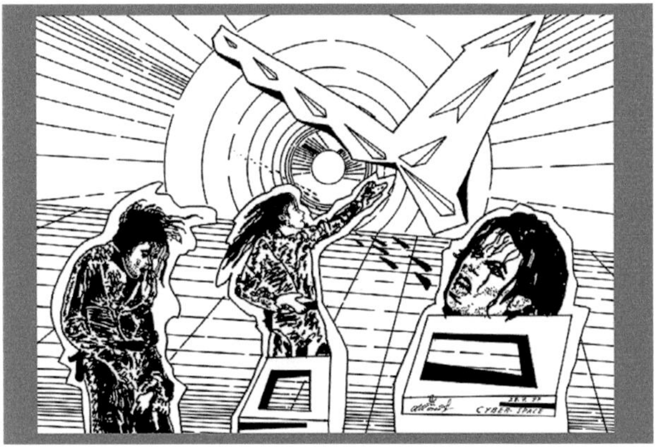
CYBER-SPACE

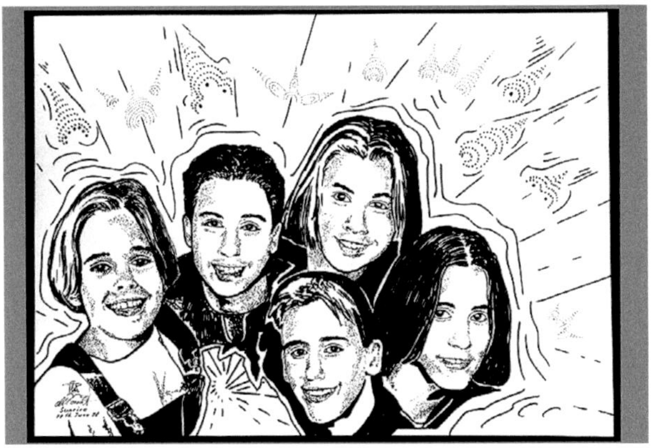

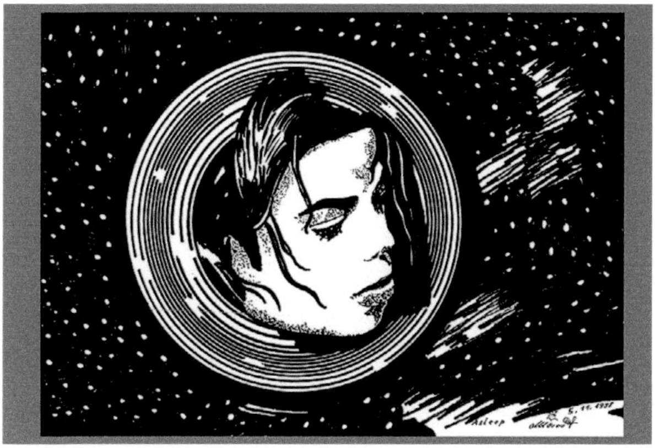
Asleep
5.11.1998

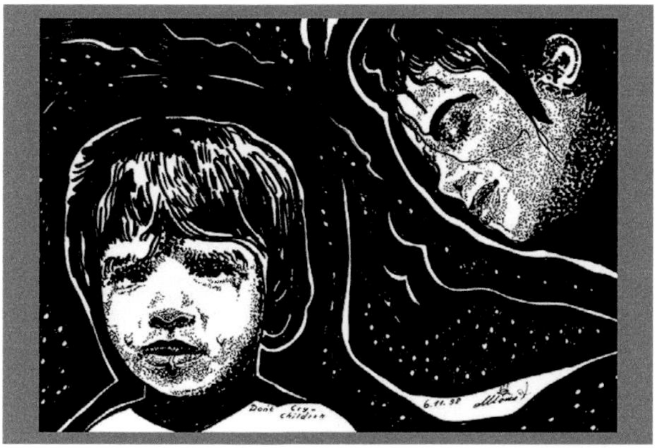
Don't Cry-
children
6.11.98

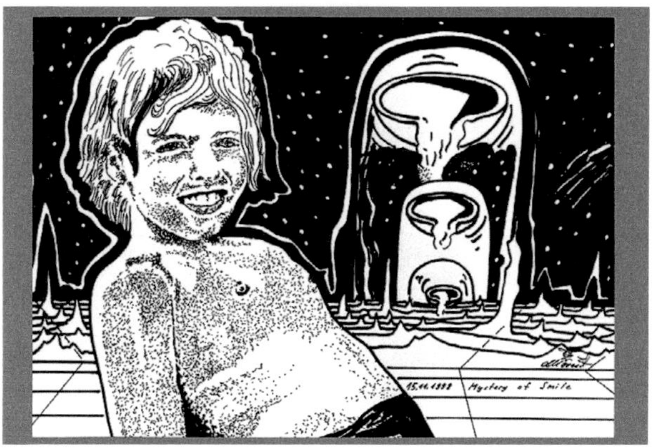
15.11.1998
Mystery of Smile

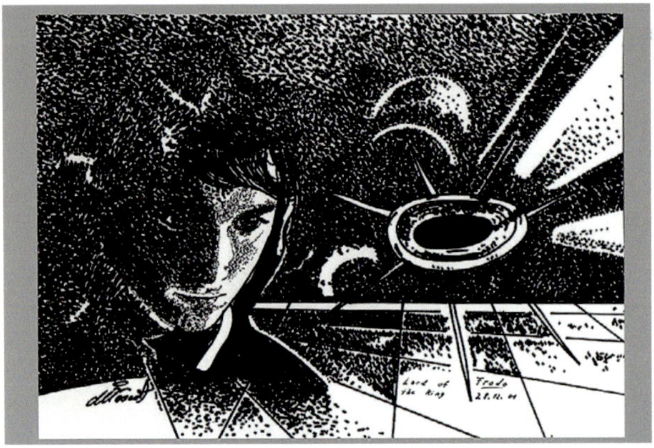
Lord of
the King
Frodo
28.12.04

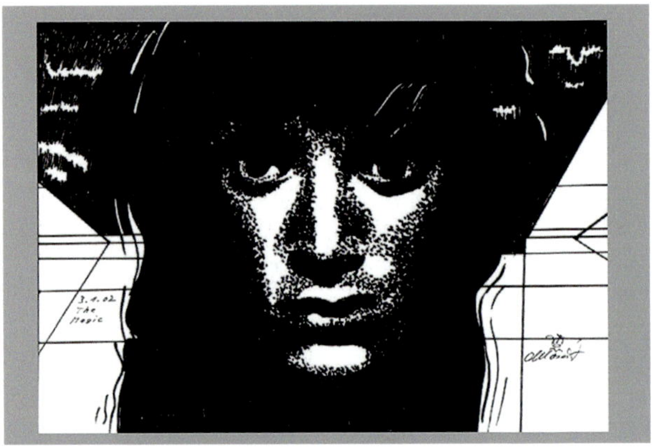
3.4.02
The
Magic

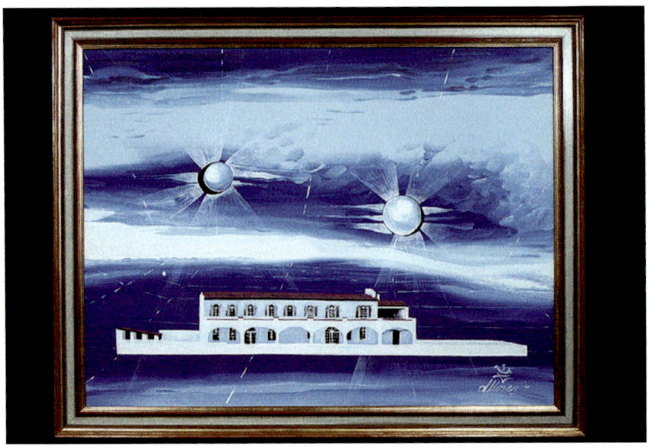

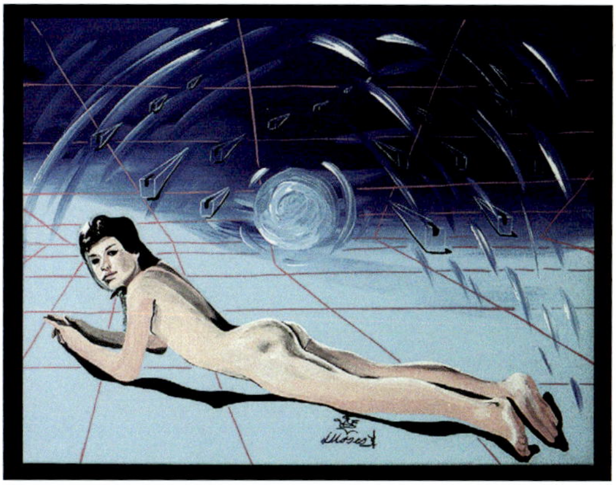

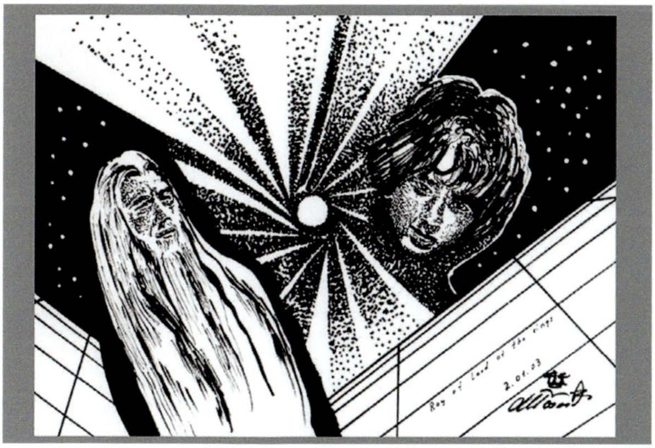
Ray of Lord of the rings
2.01.03

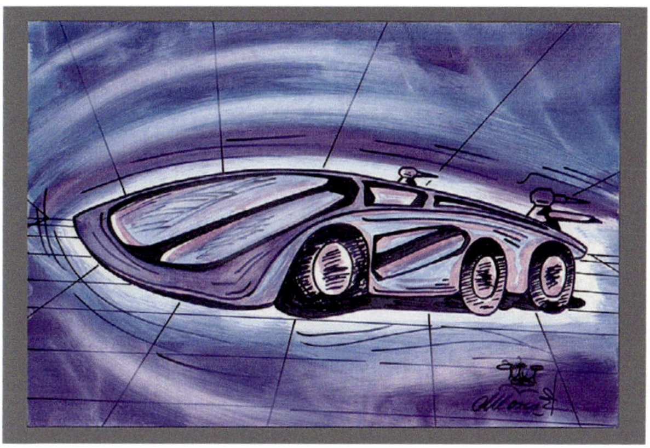

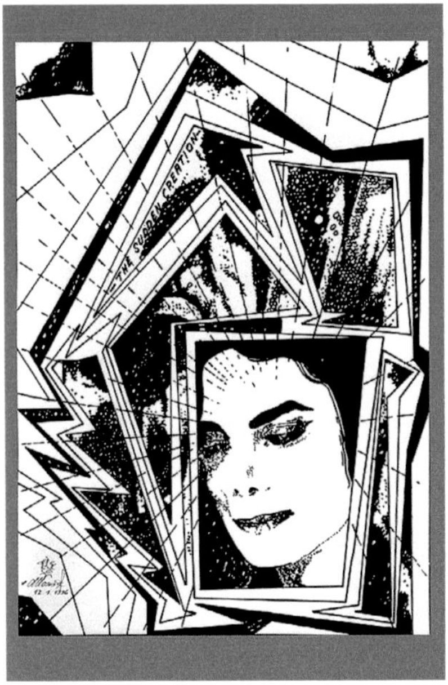
THE SUDDEN CREATION

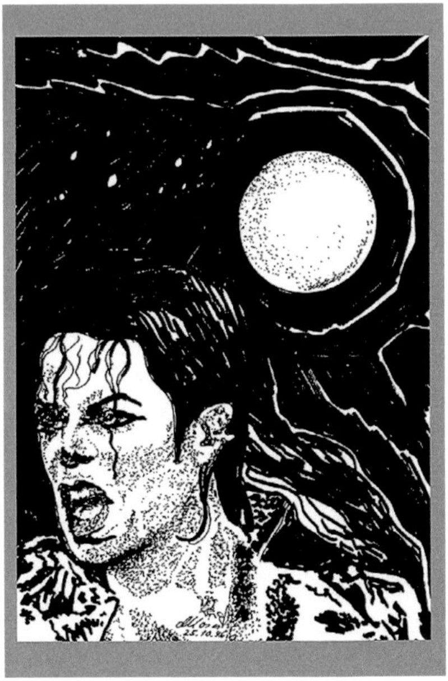

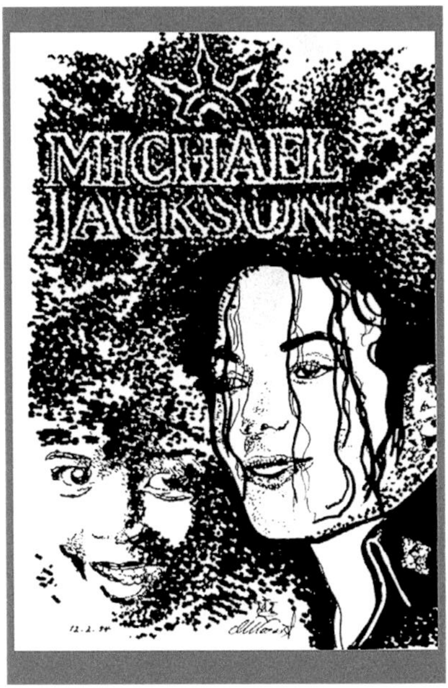
MICHAEL
JACKSON

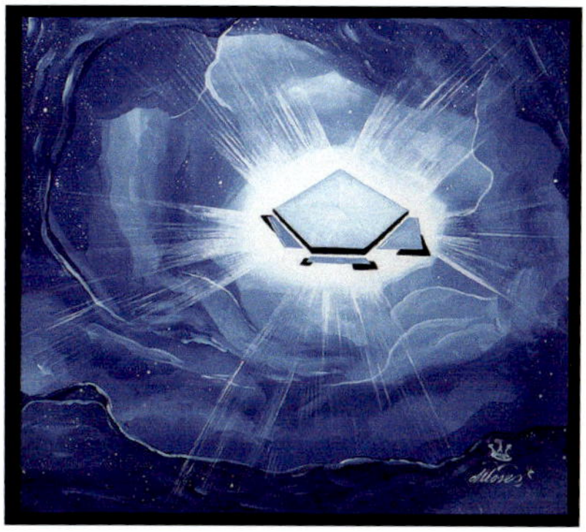

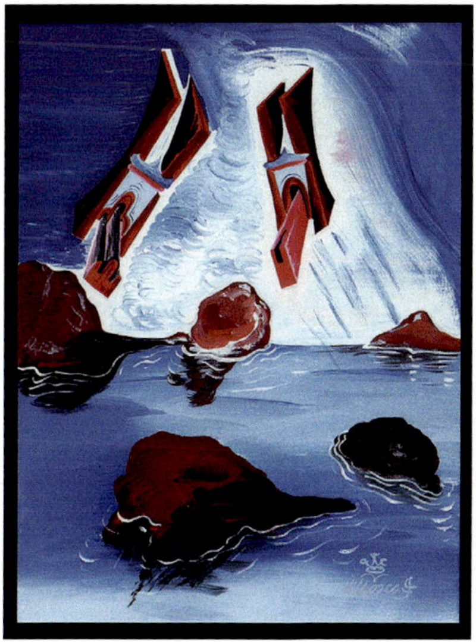

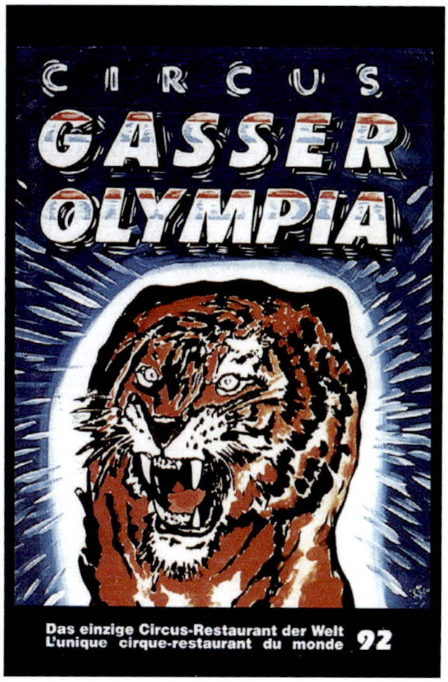
CIRCUS
GASSER
OLYMPIA
Das einzige Circus-Restaurant der Welt
L'unique cirque-restaurant du monde
92

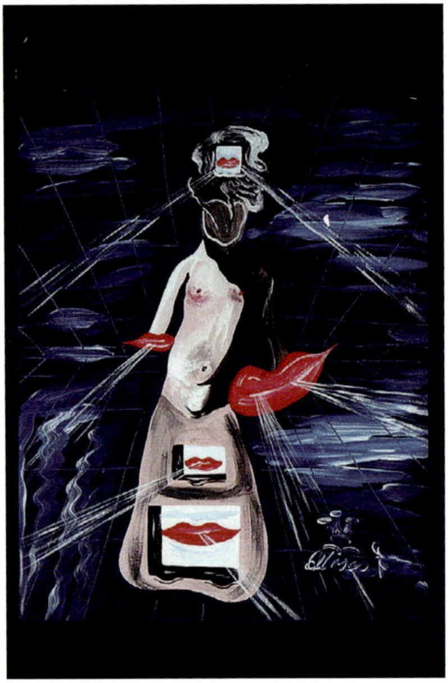

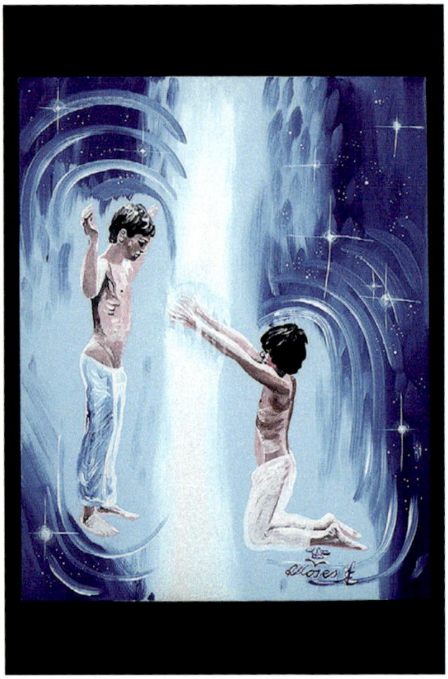

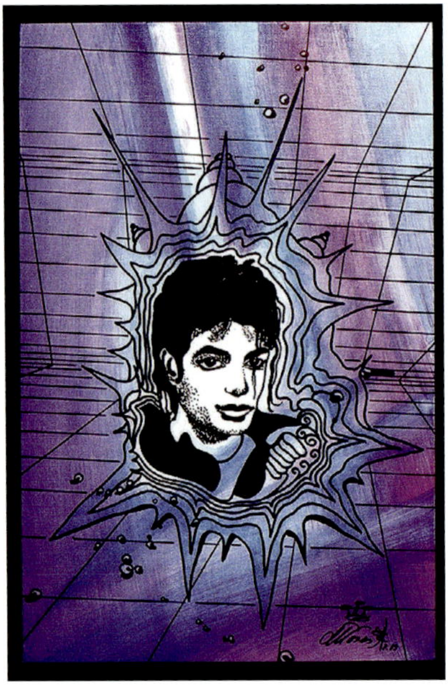

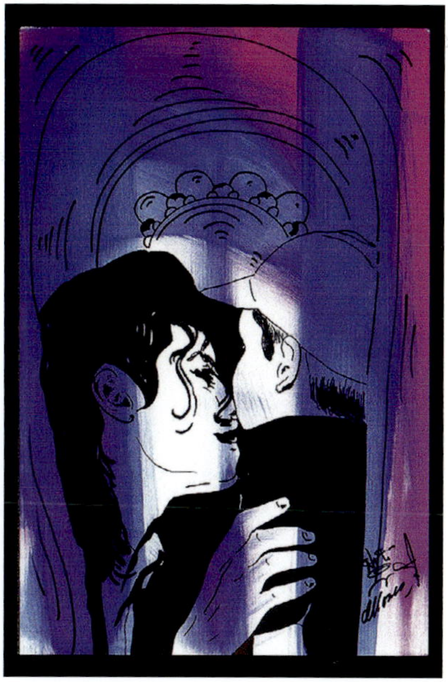

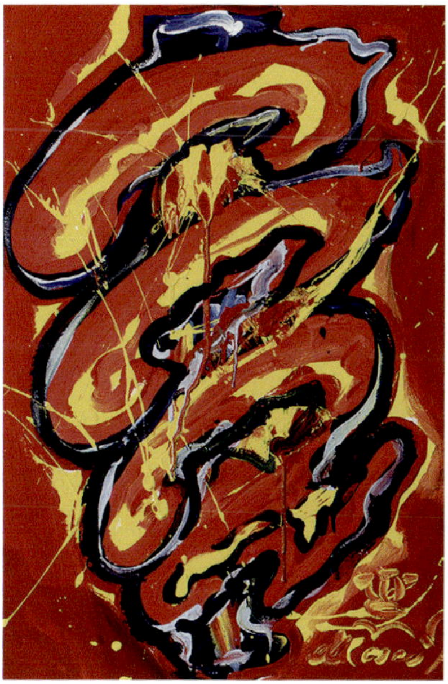

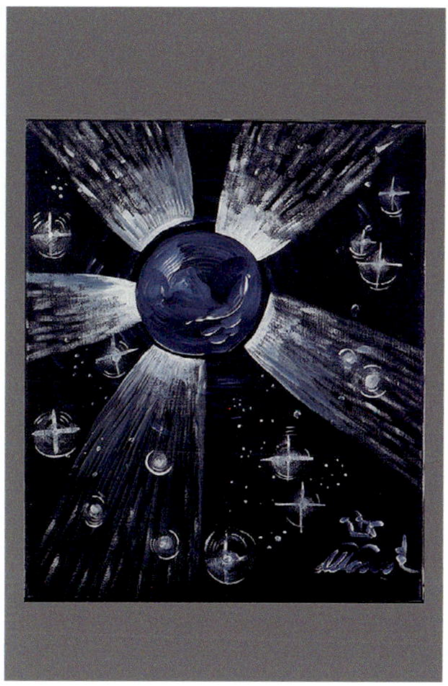

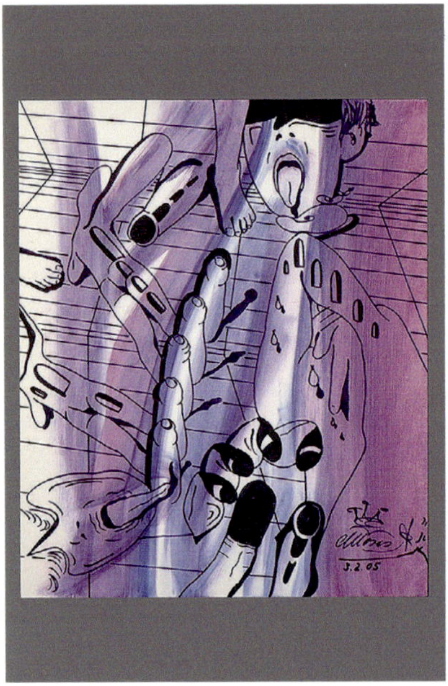

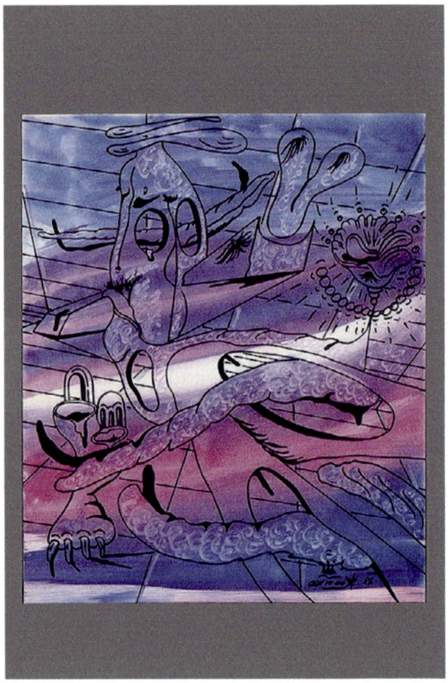

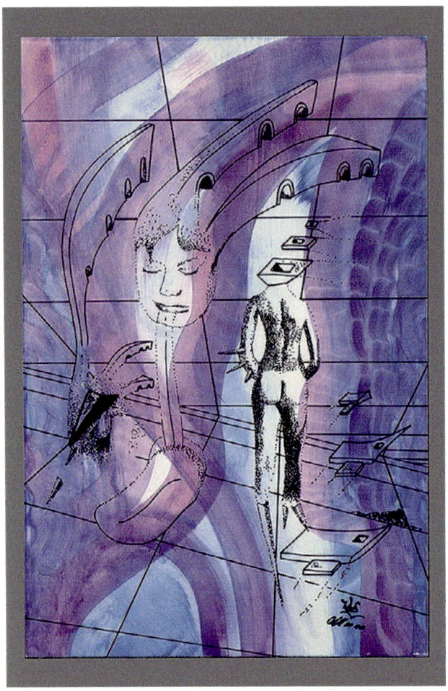

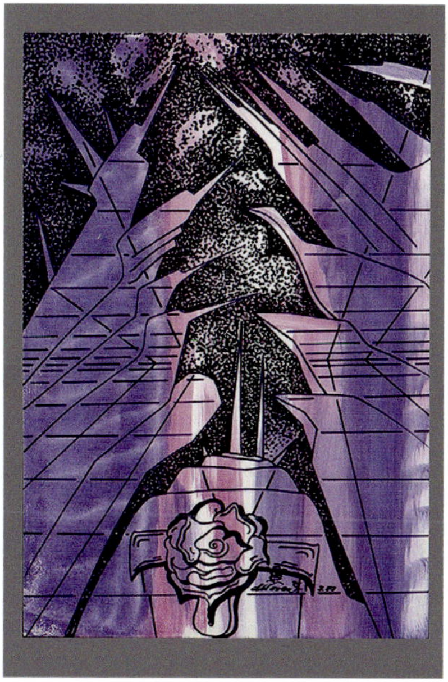

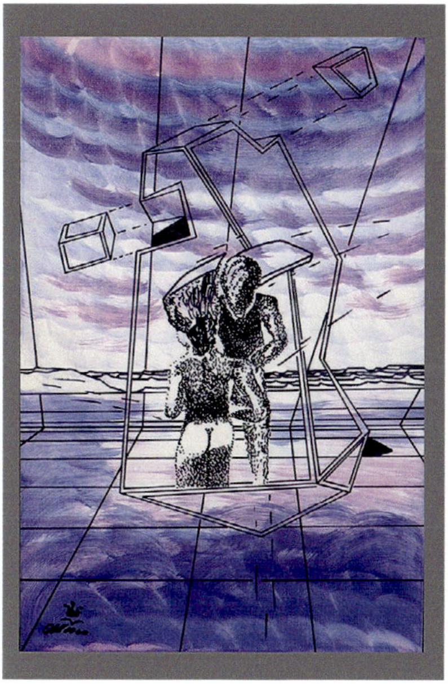

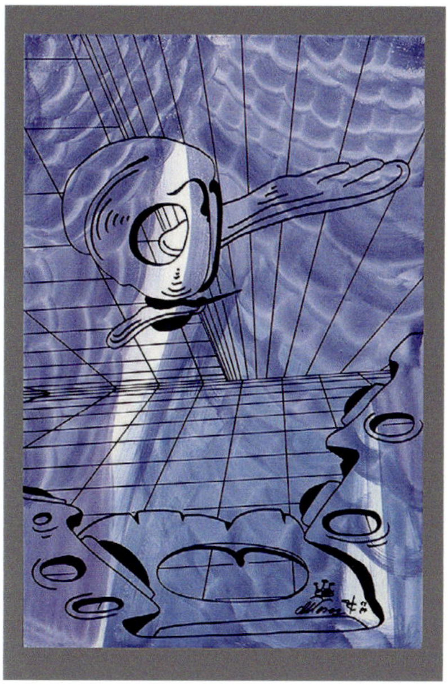

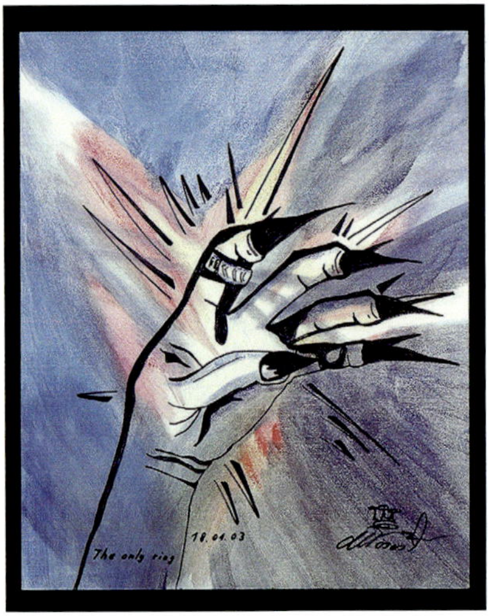
The only ring
18.04.03

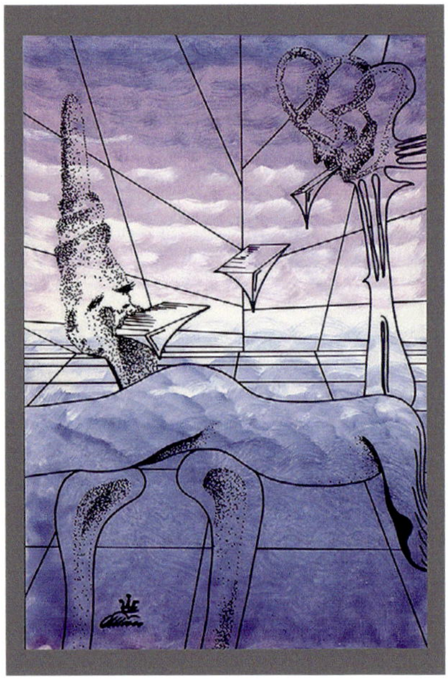

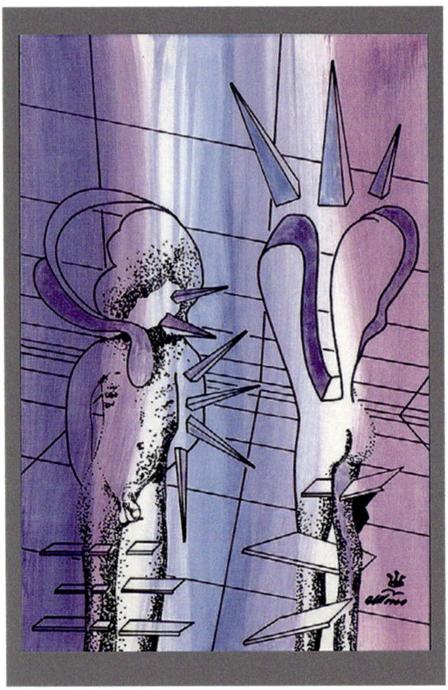

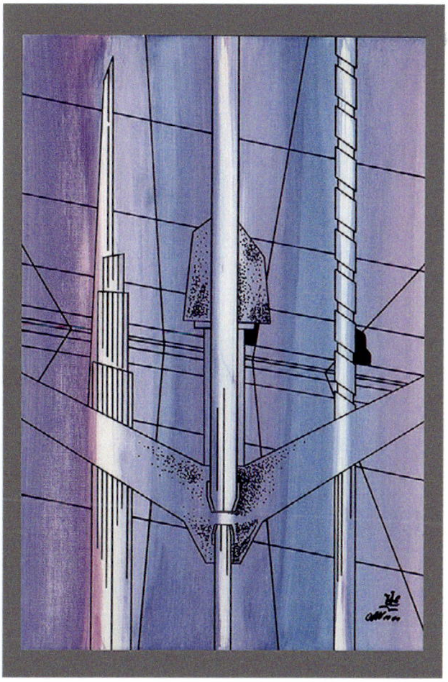

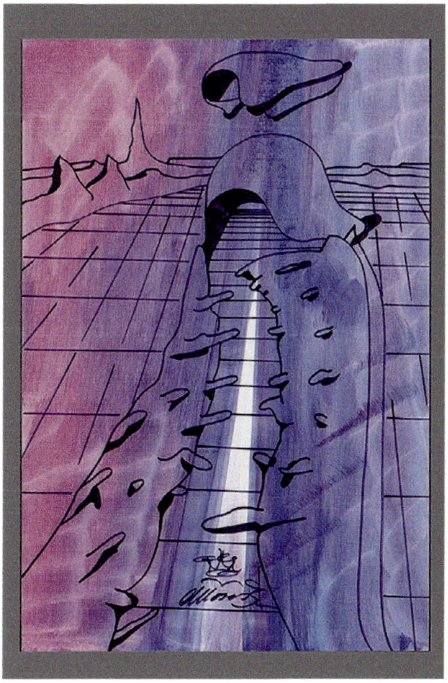

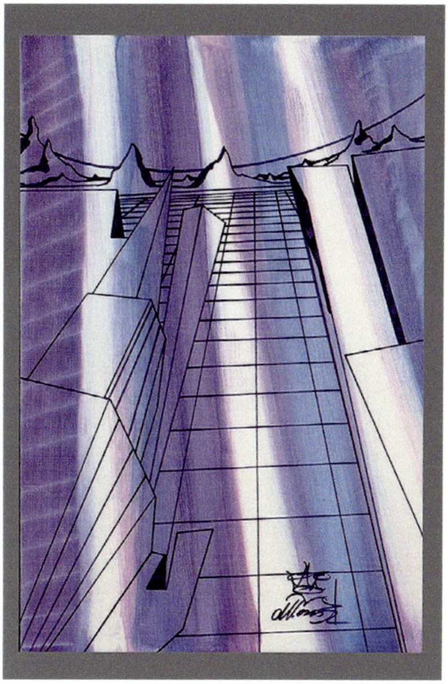

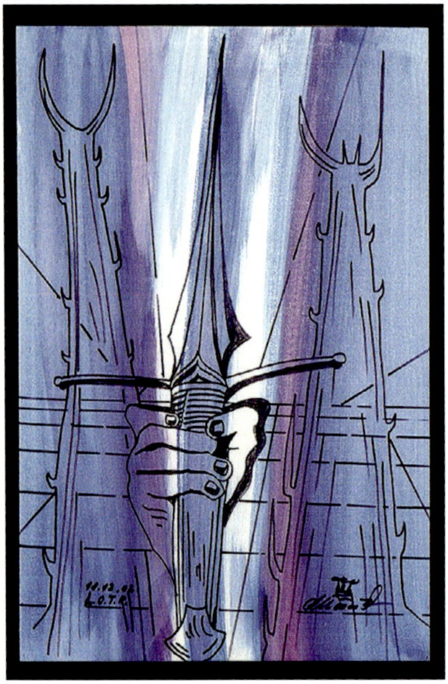

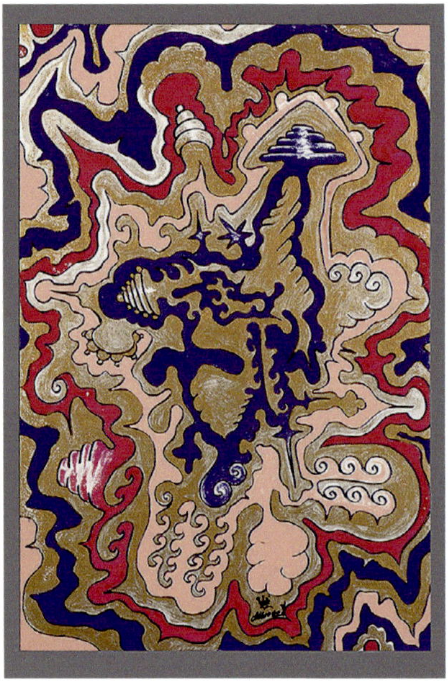

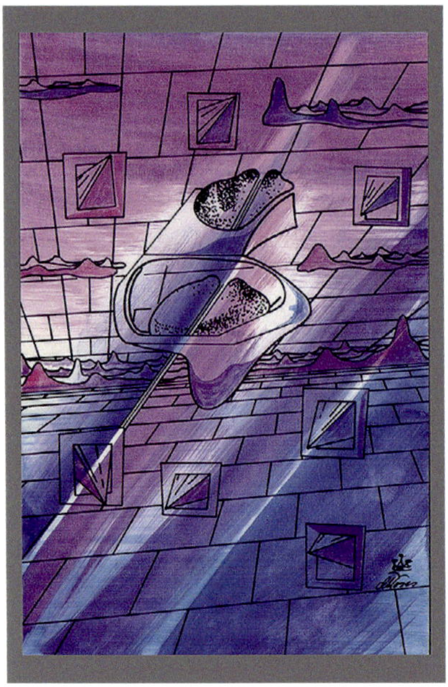

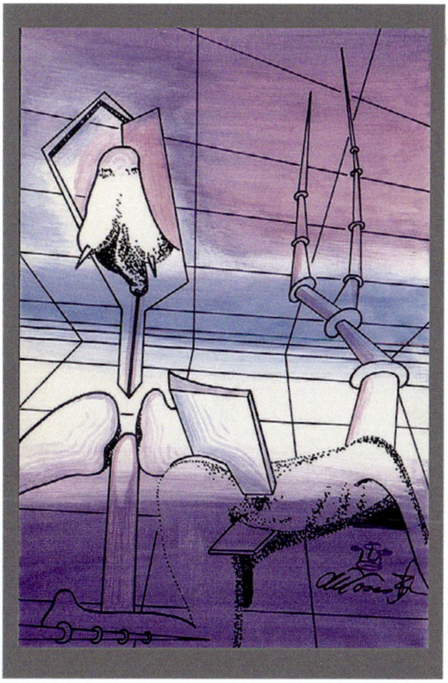

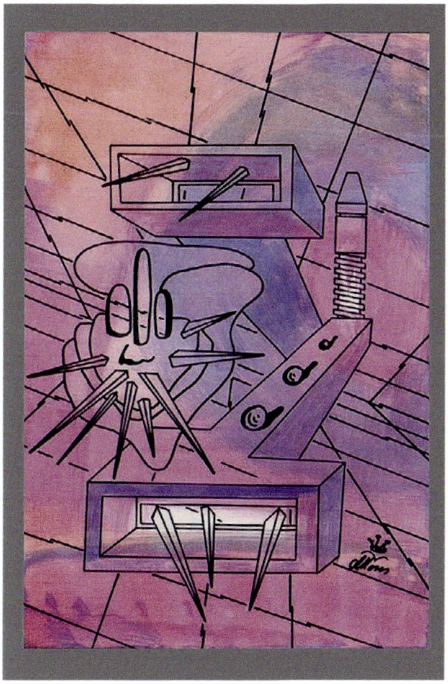

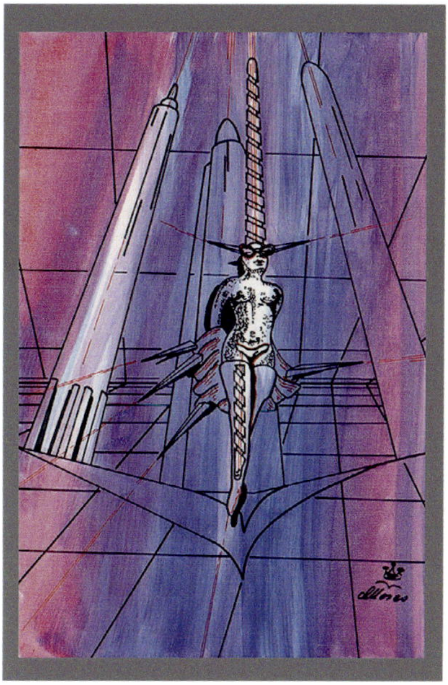

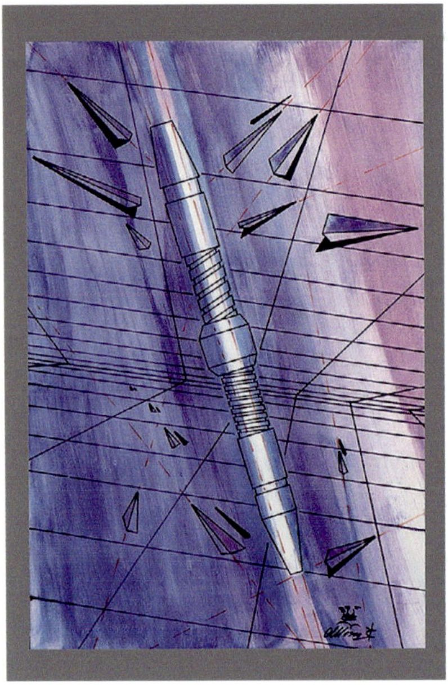

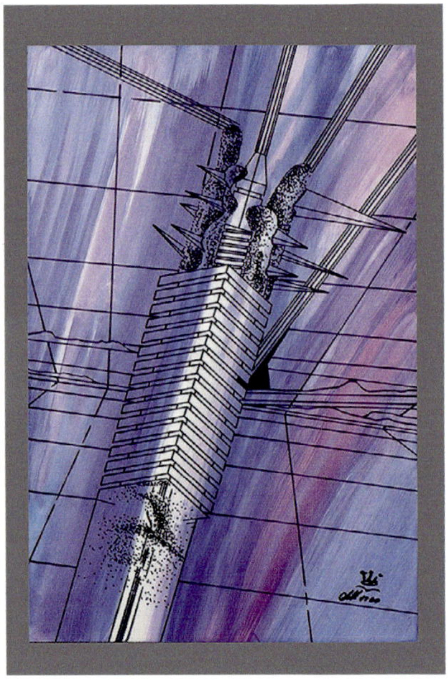

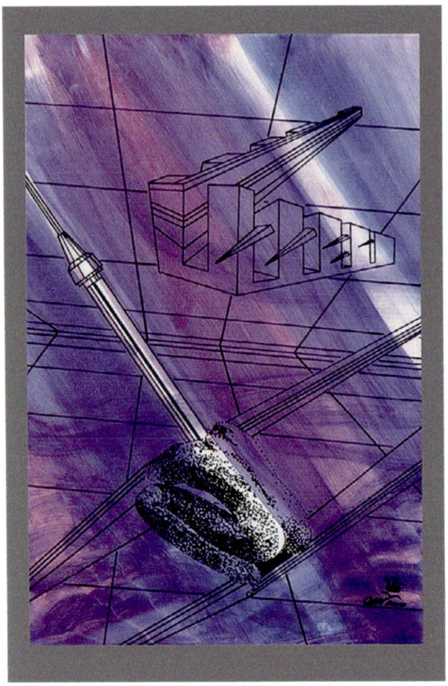

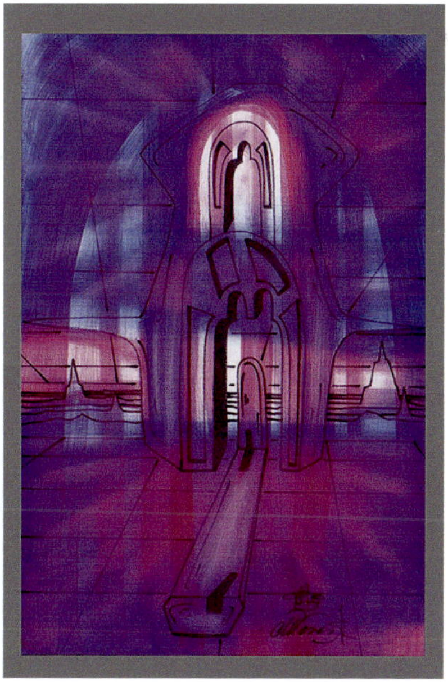

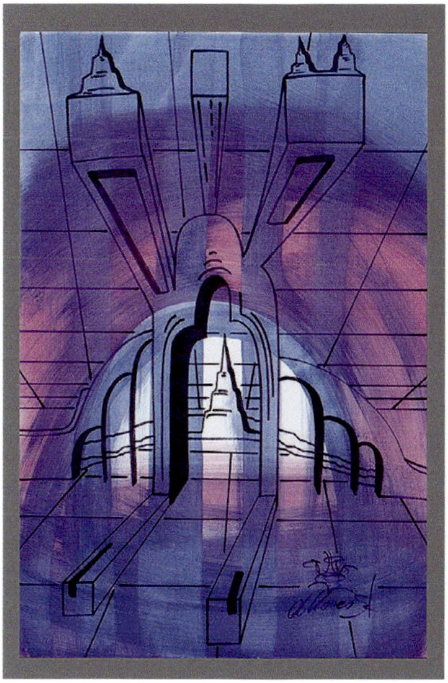

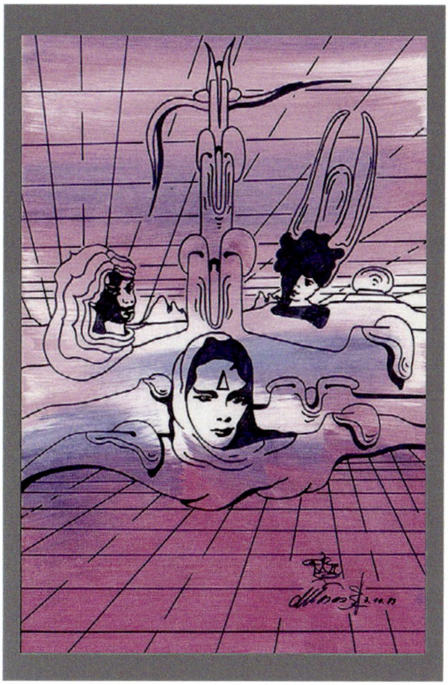

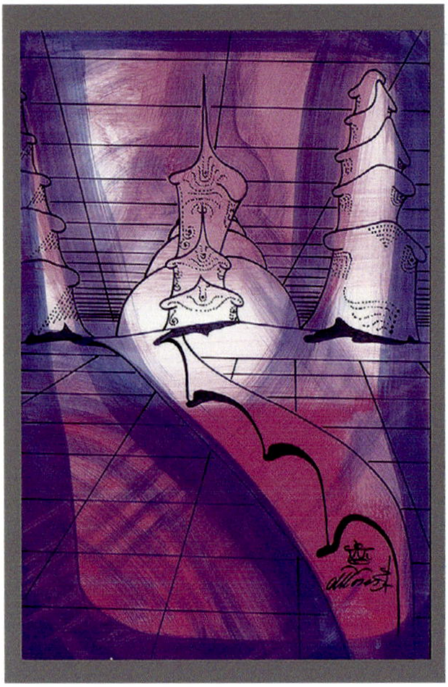

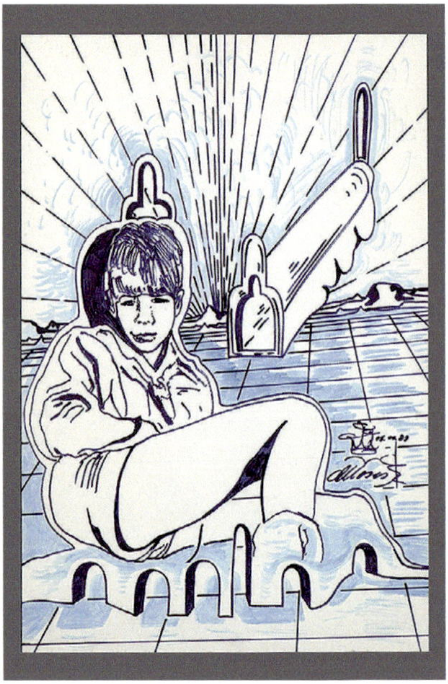

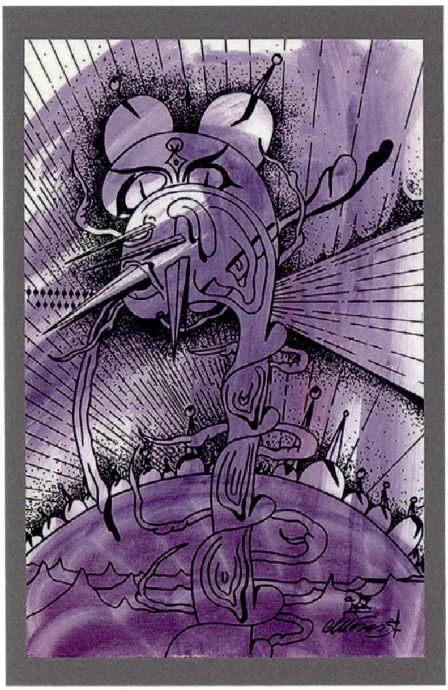

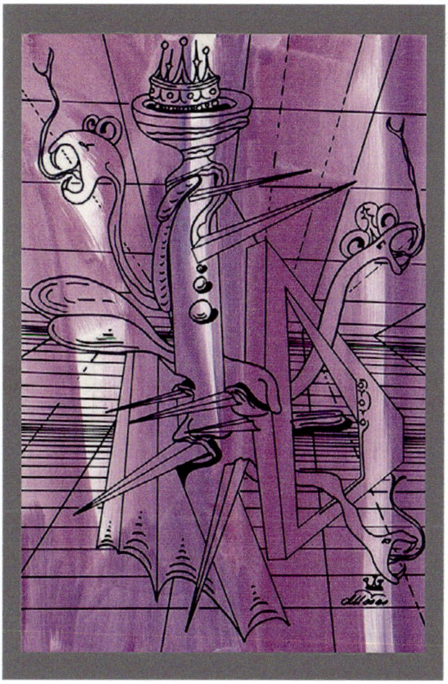

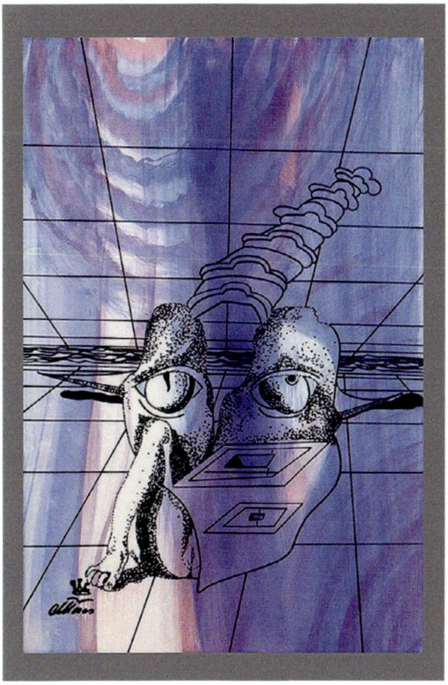

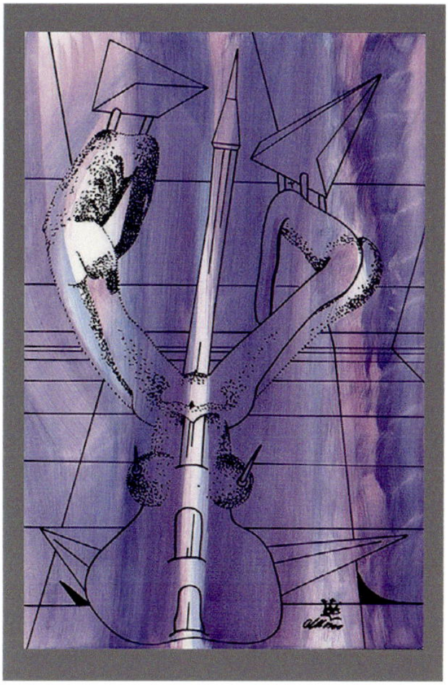

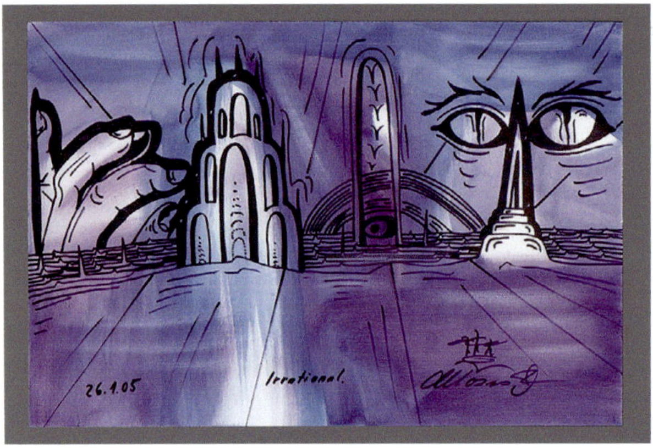
26.1.05
Irrational.

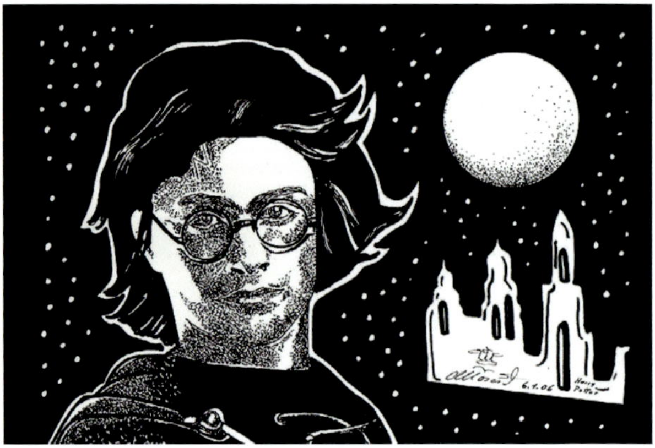

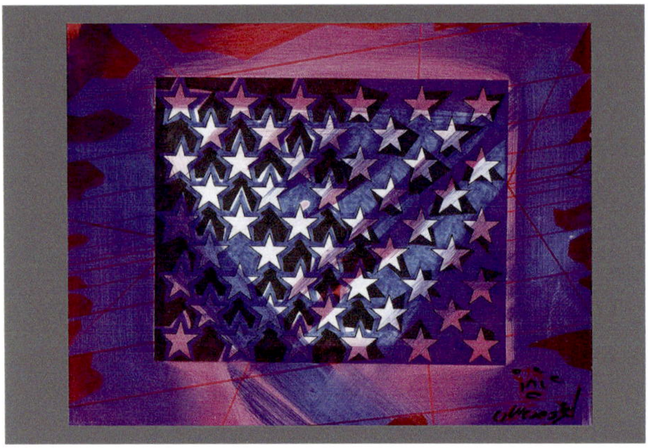

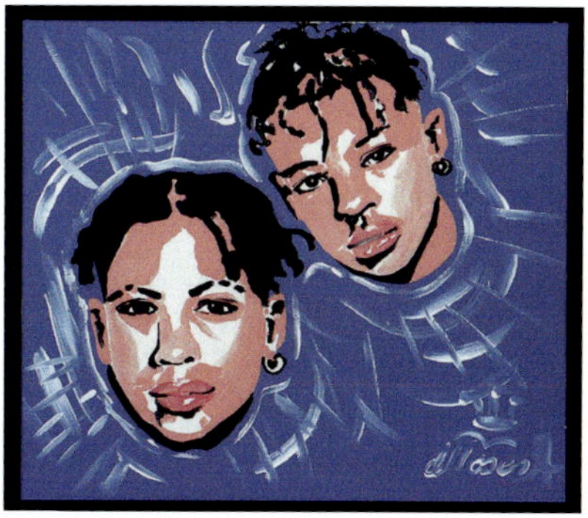

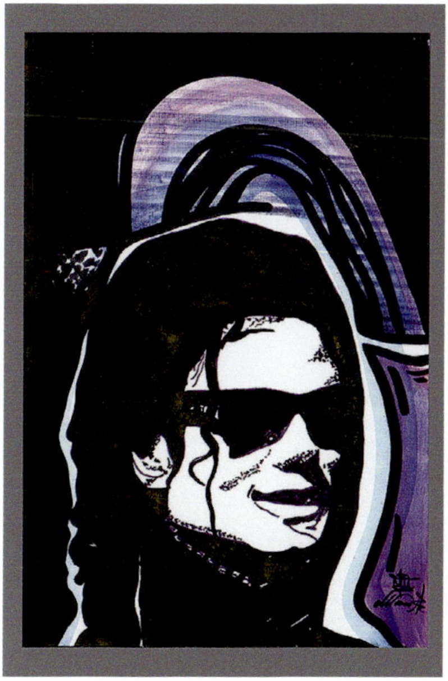

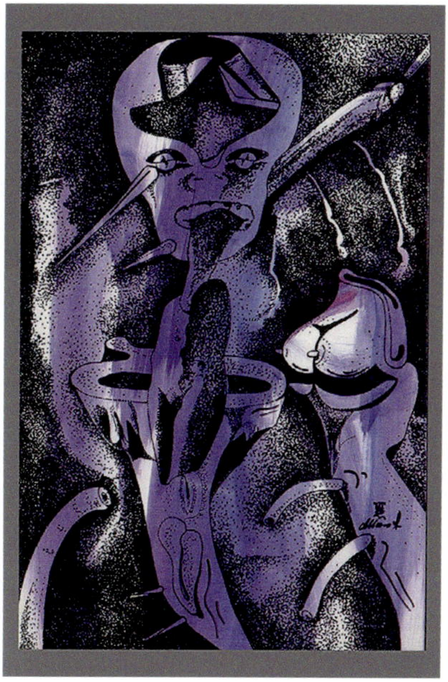

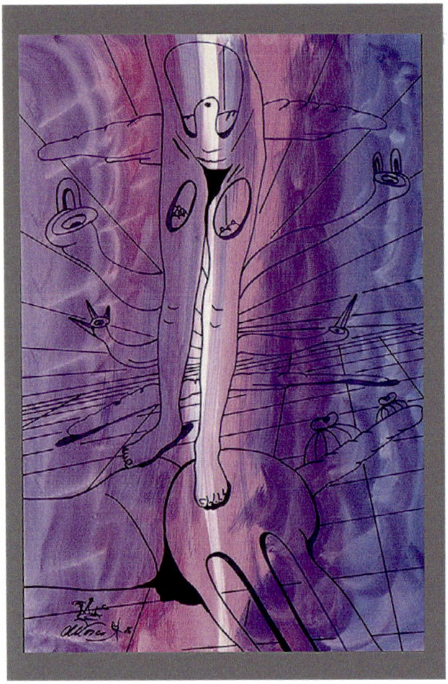

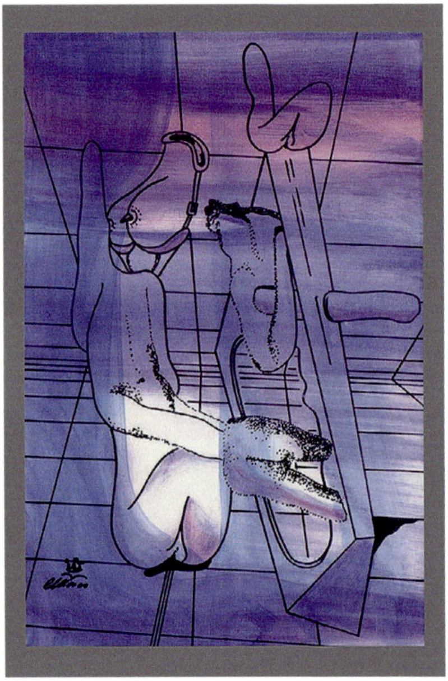

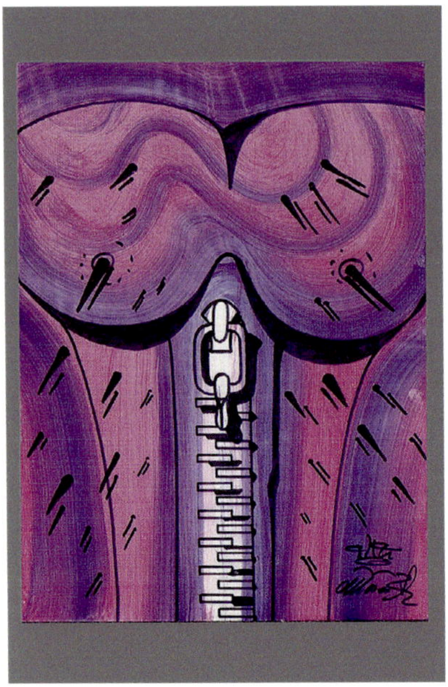

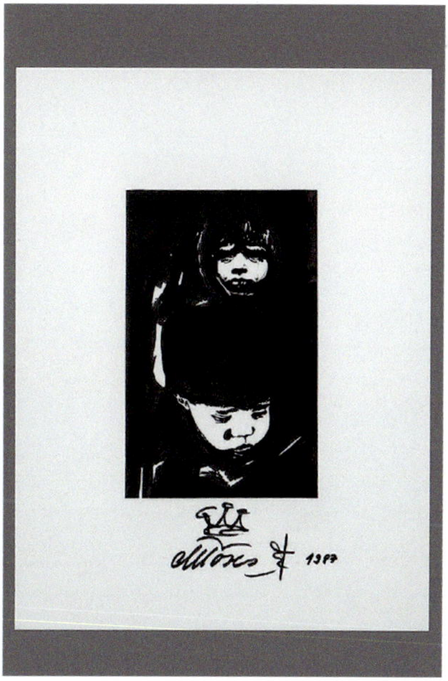

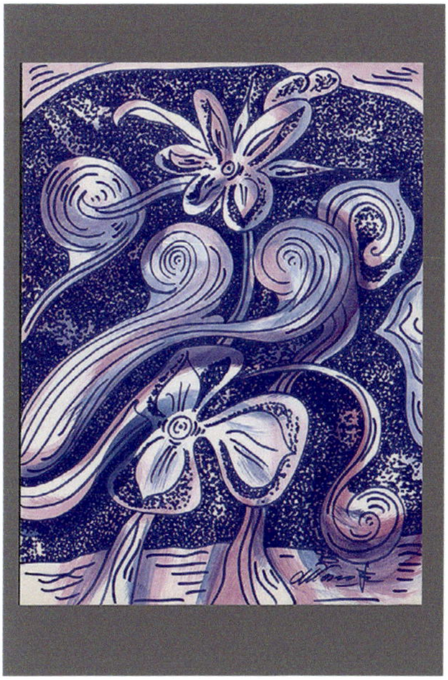

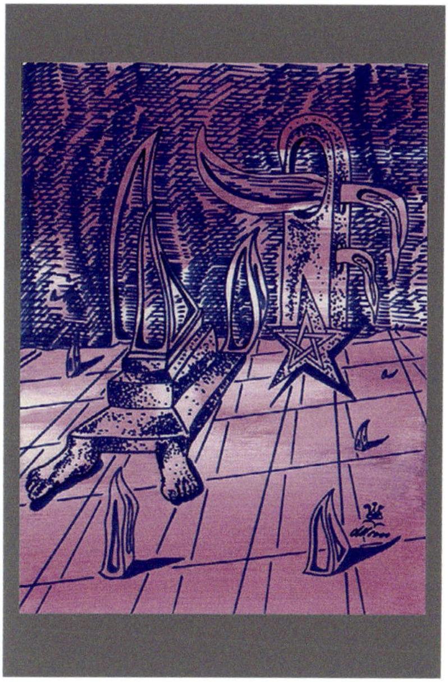

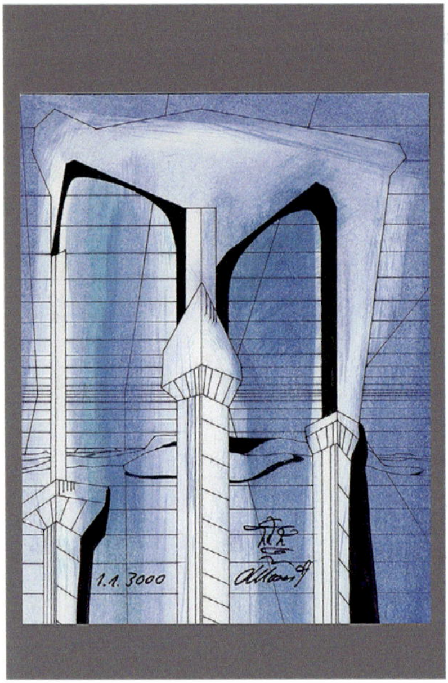
1.1.3000

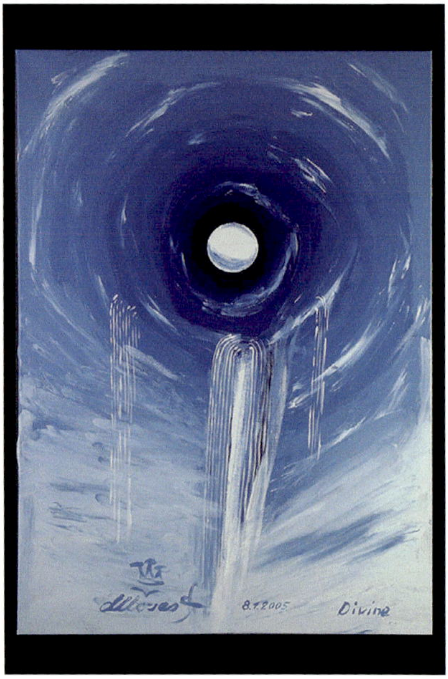
8.1.2005
Divine

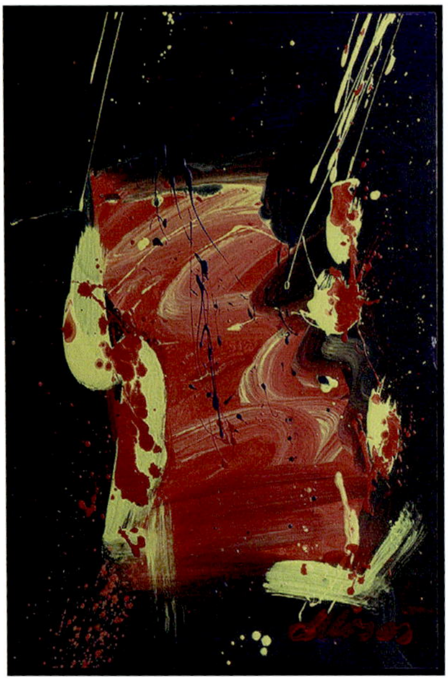

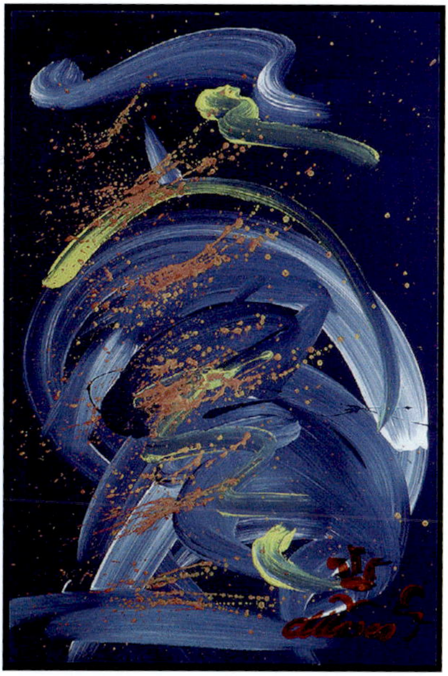

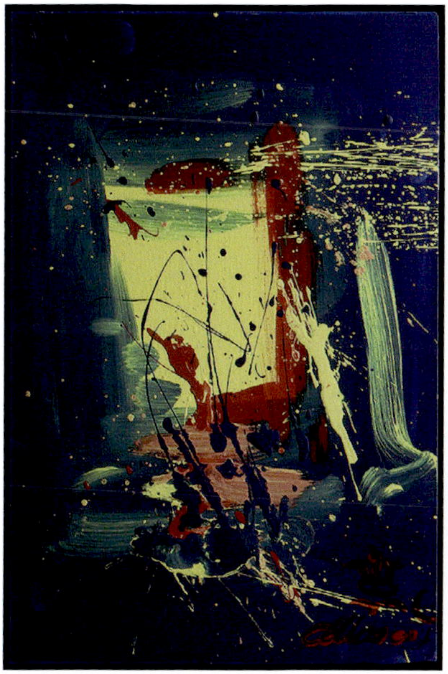

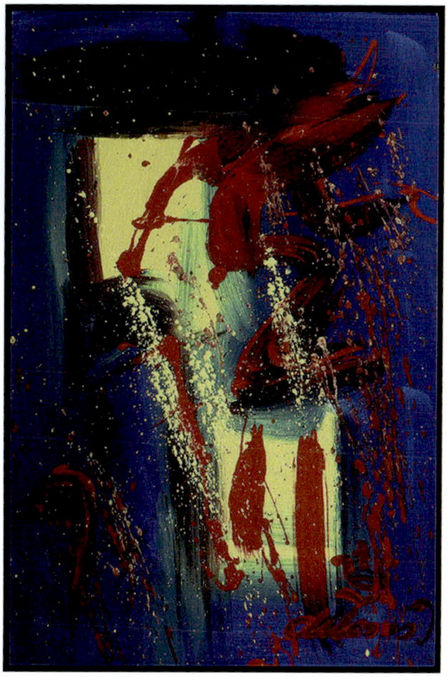

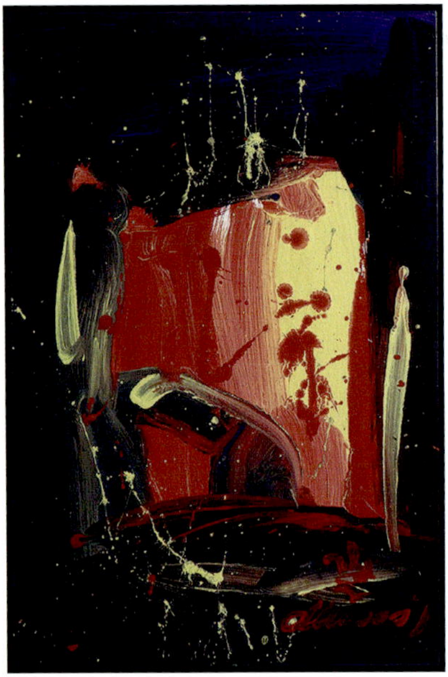

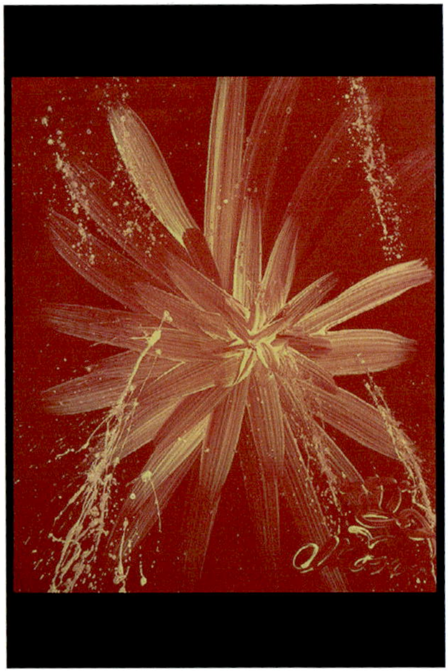

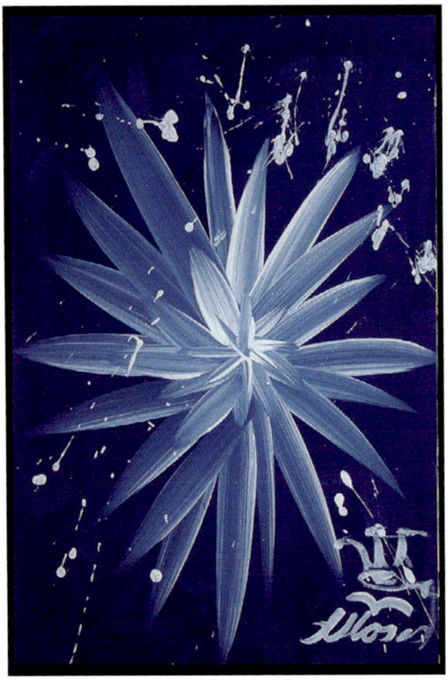

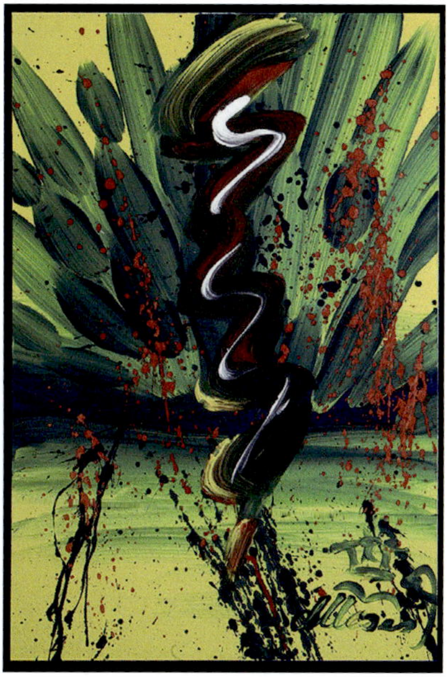

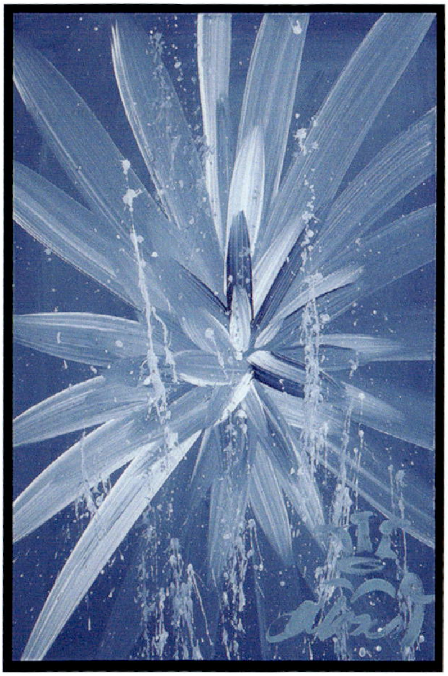

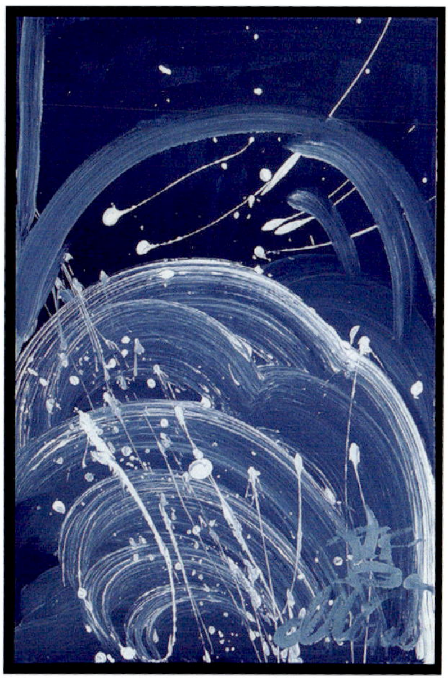

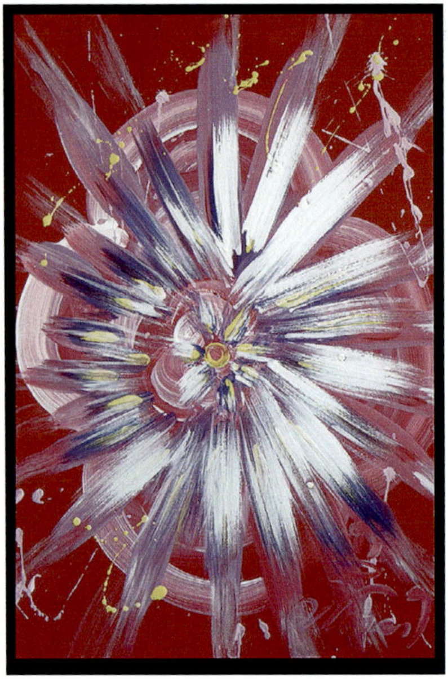

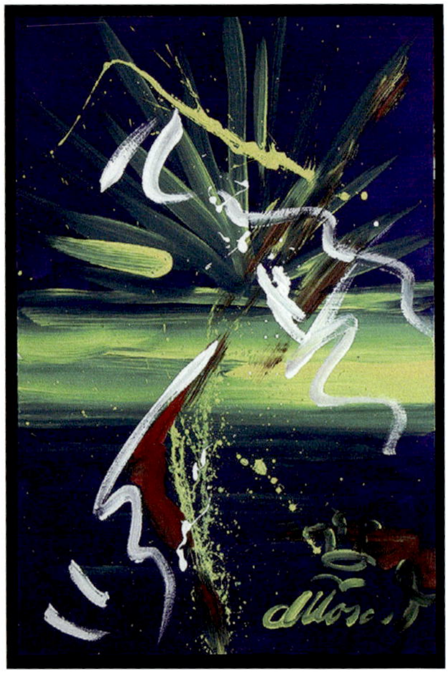

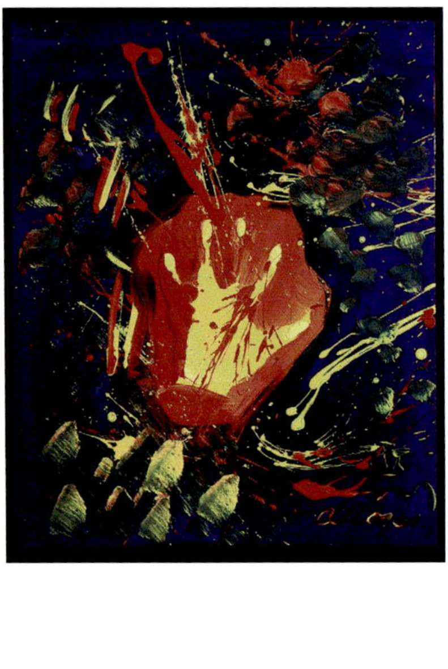

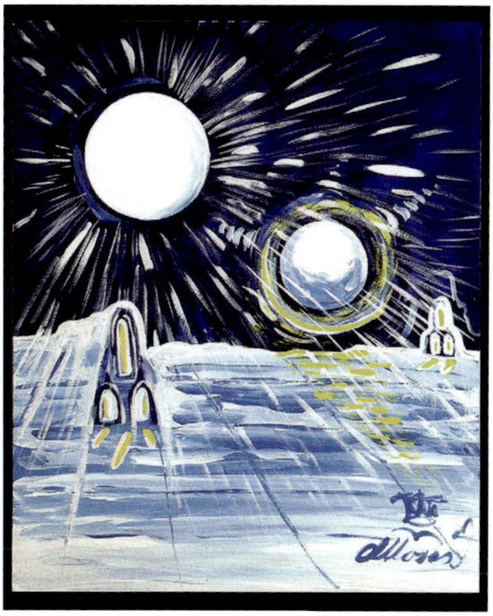

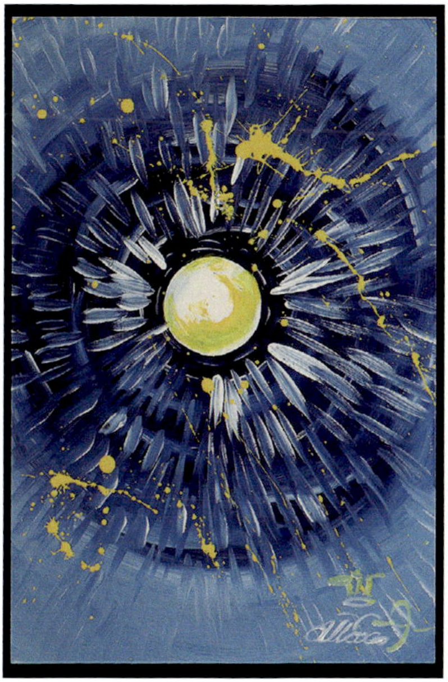

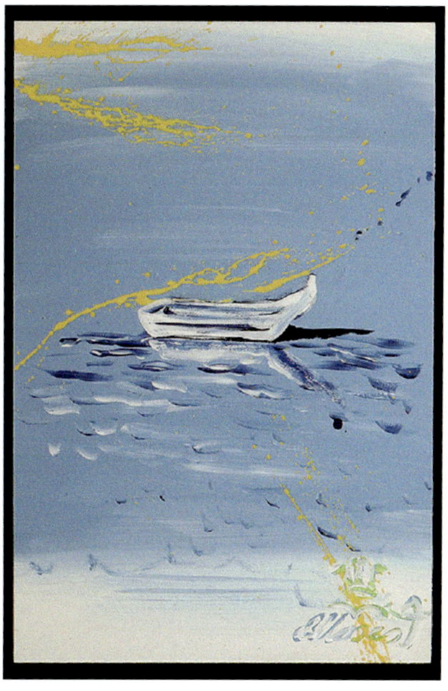

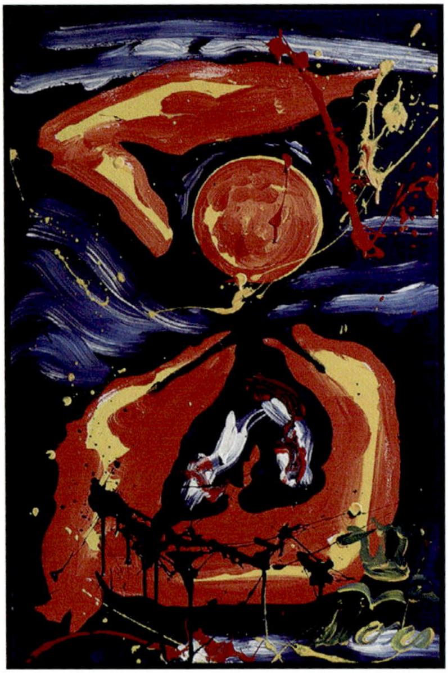

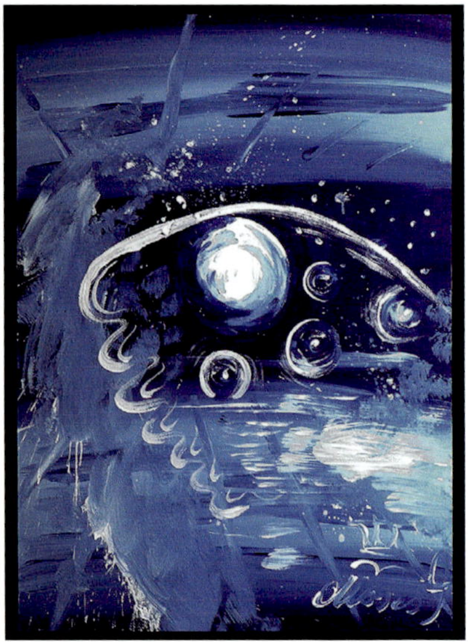

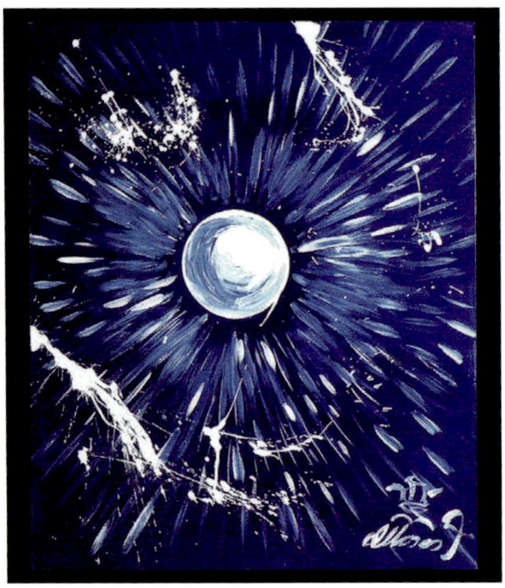

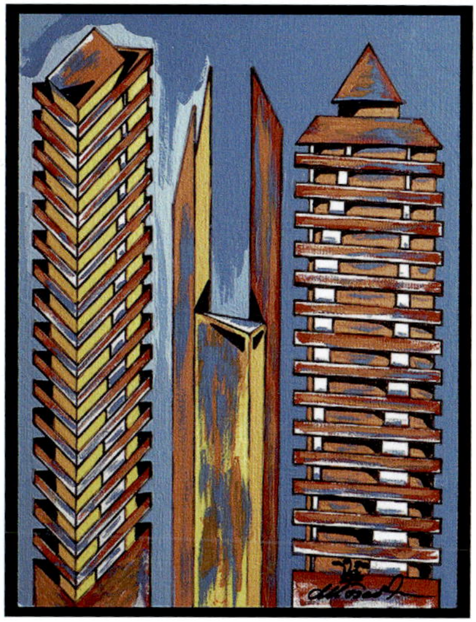

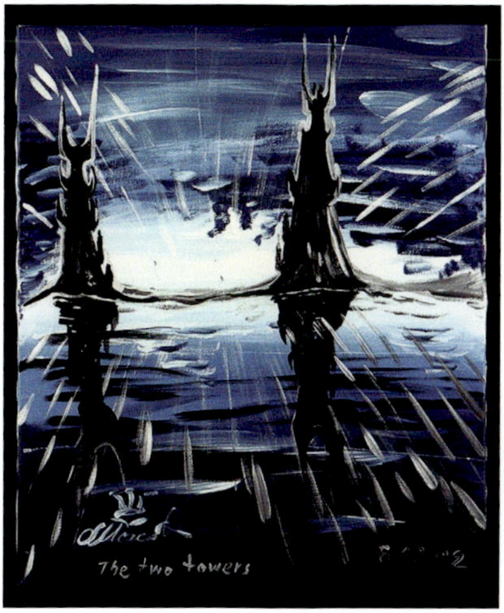
The two towers

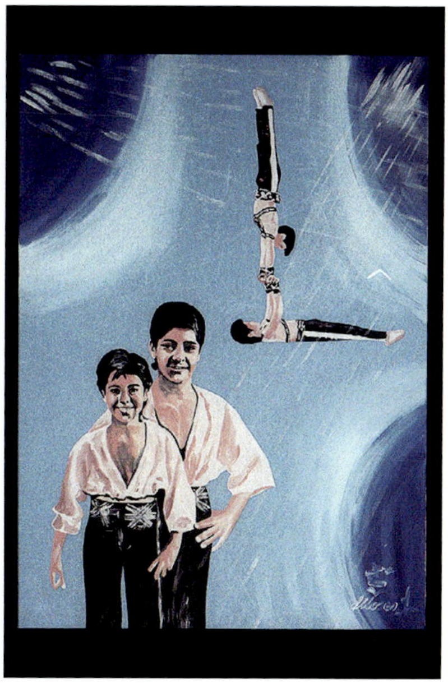

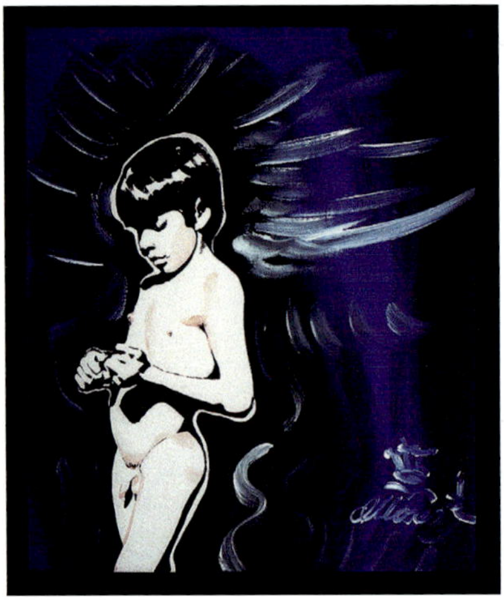

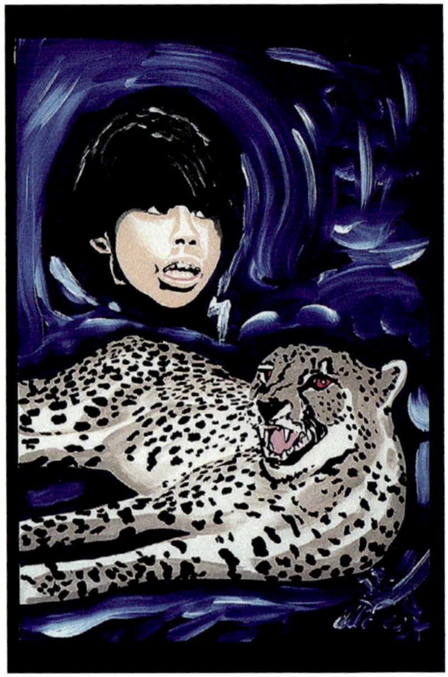

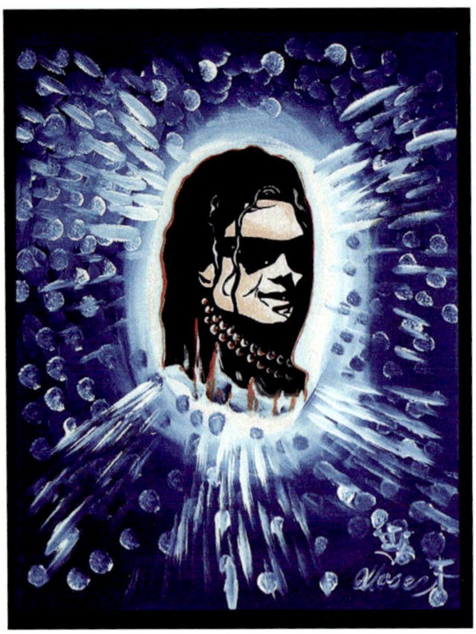

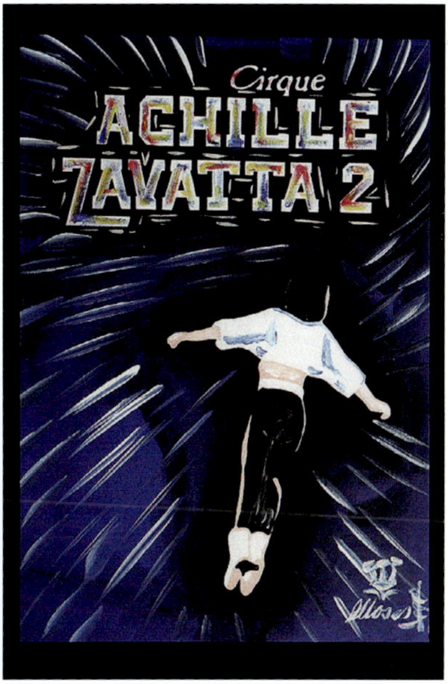
Cirque
ACHILLE
ZAVATTA 2

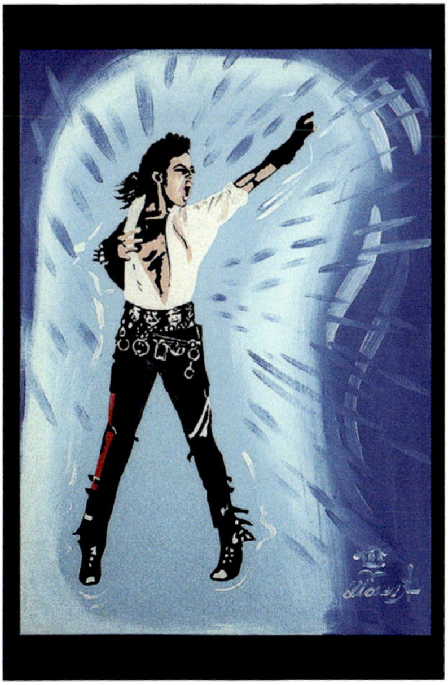

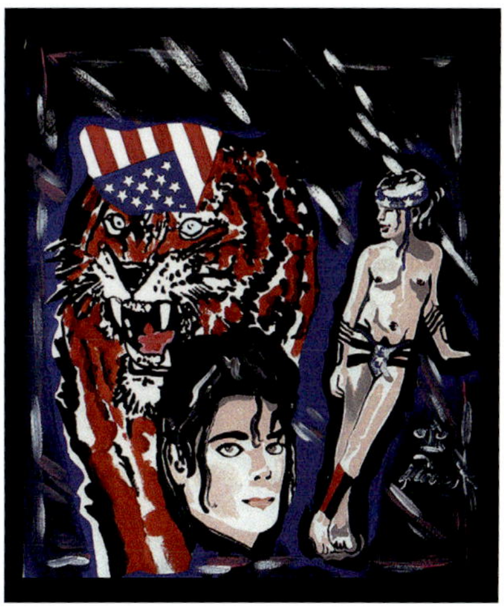

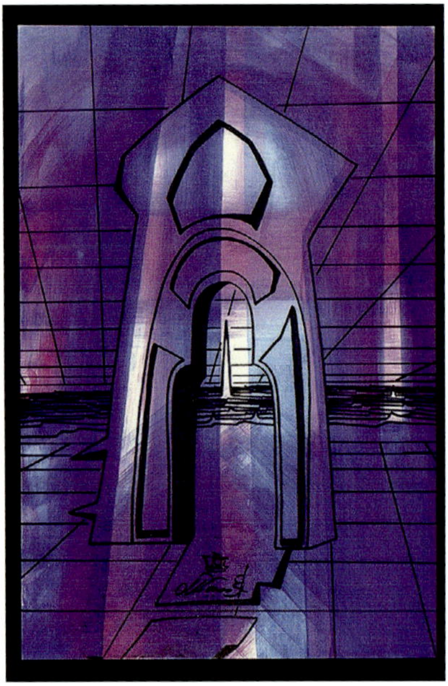

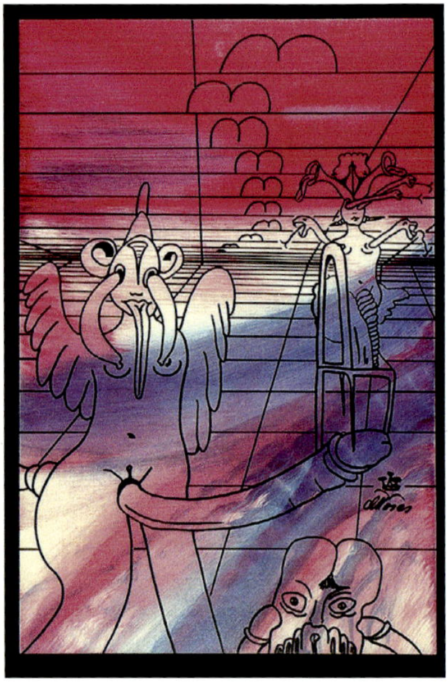

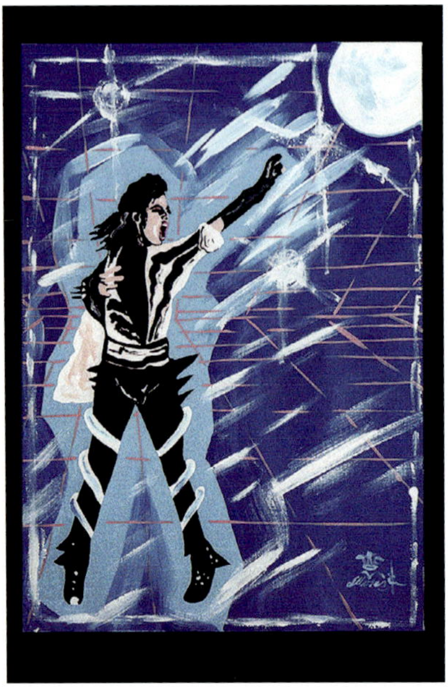

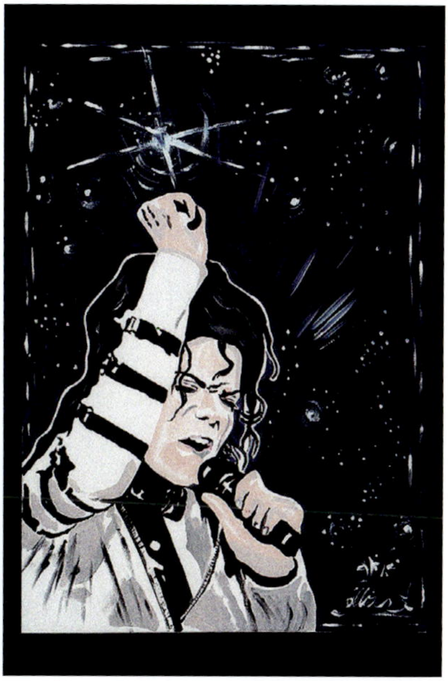

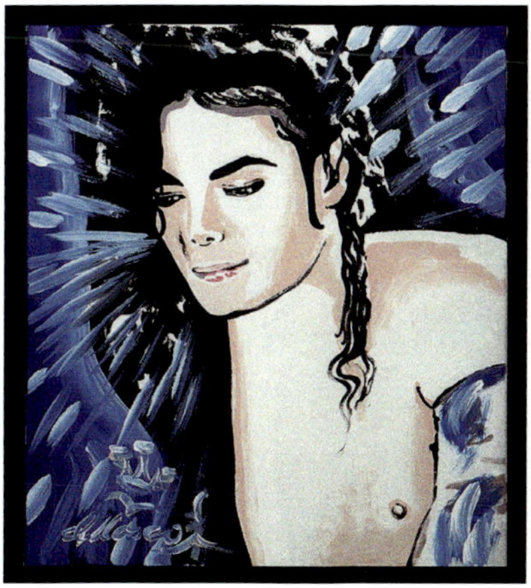

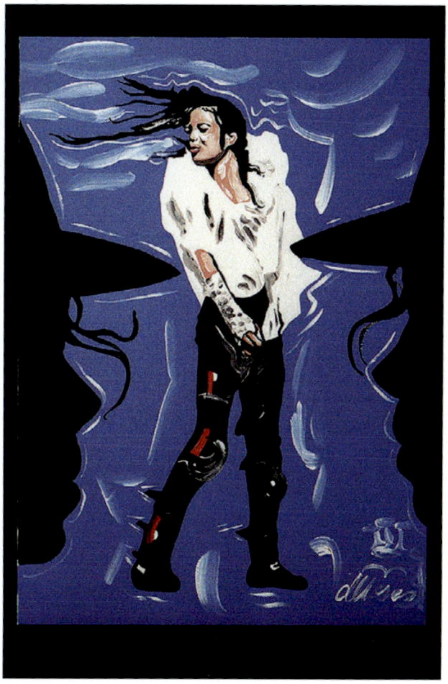

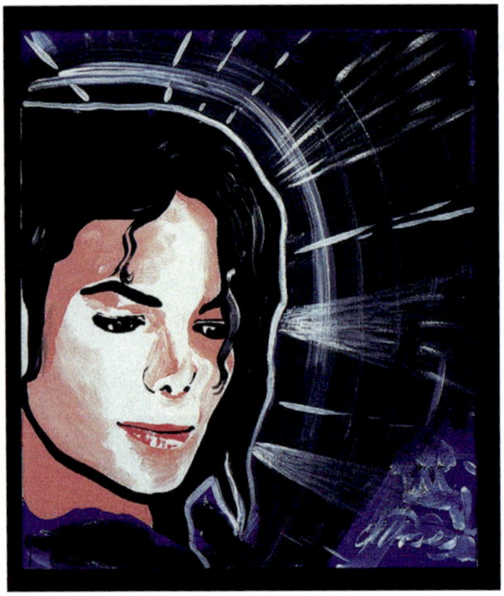

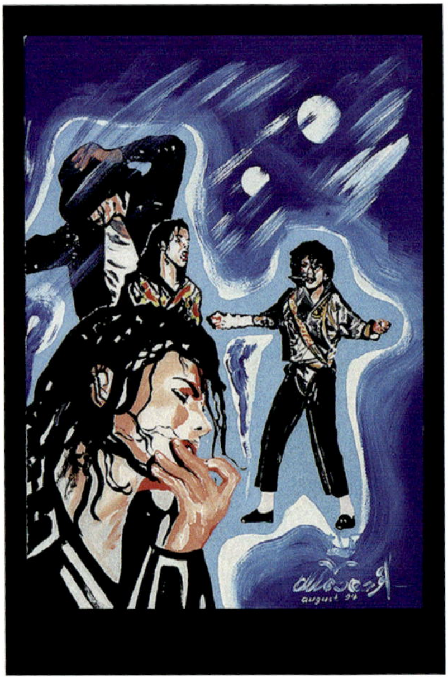

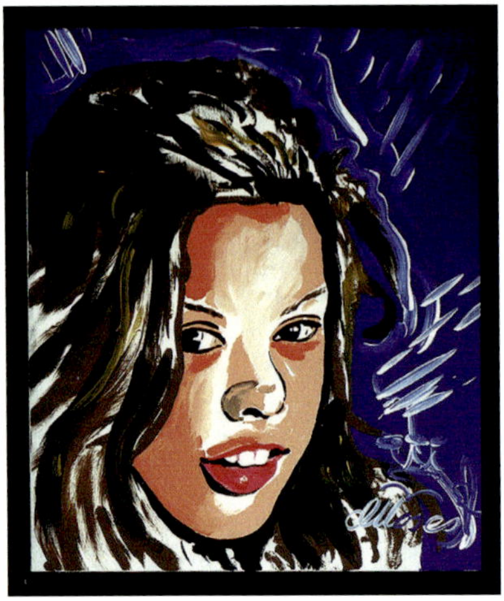

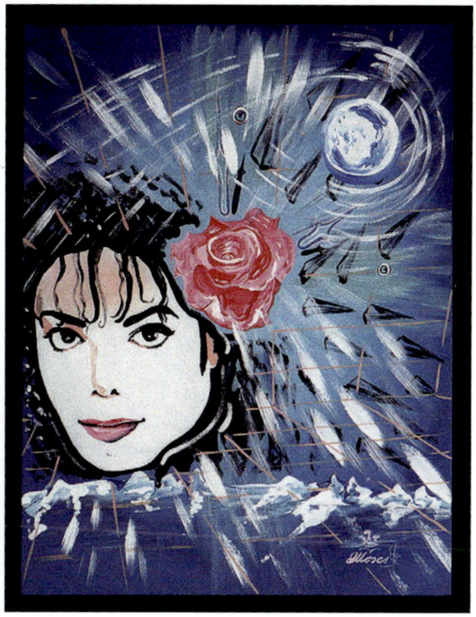

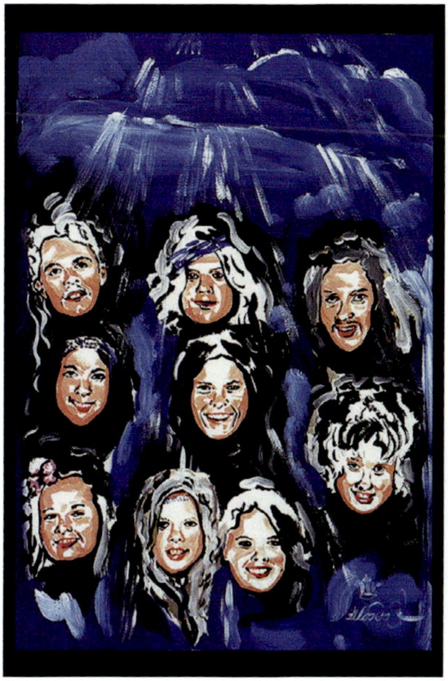

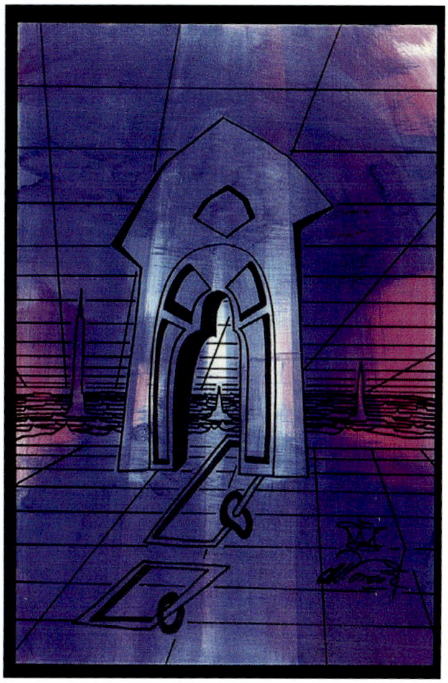

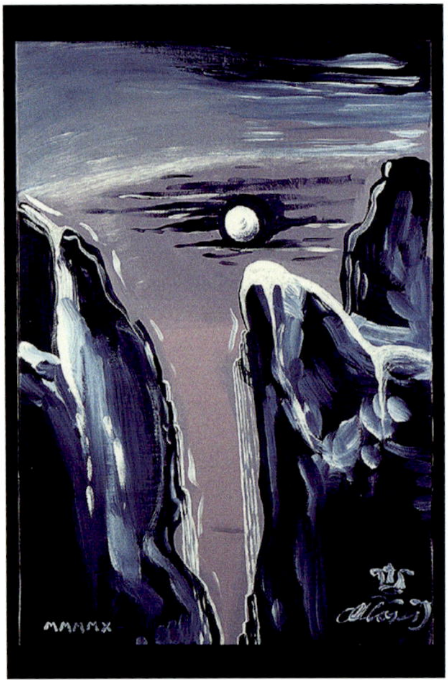

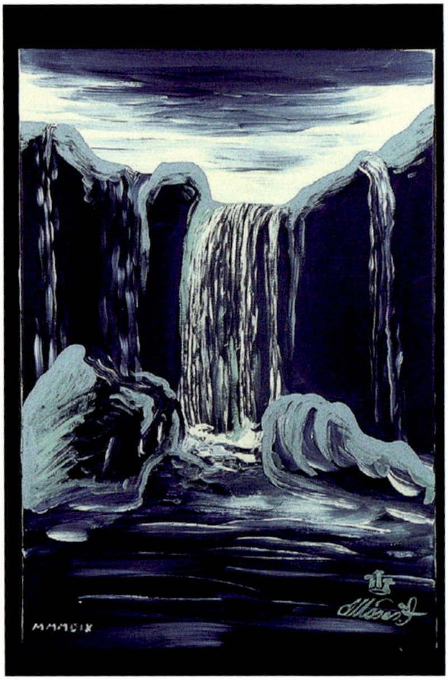

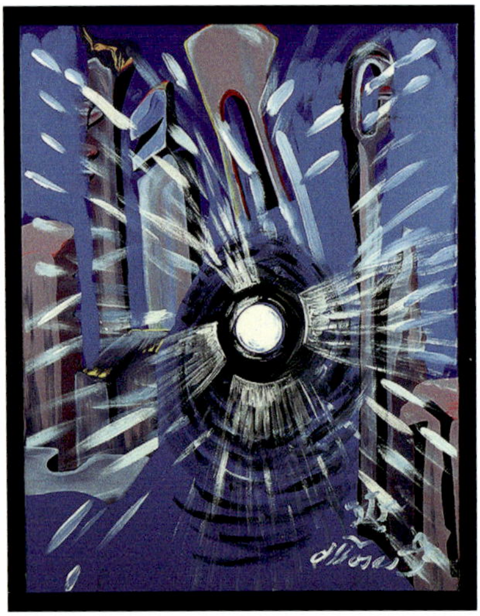

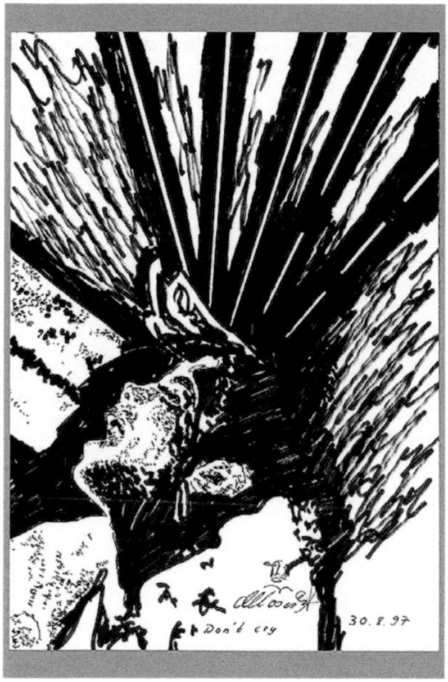
Don't cry
30.8.97

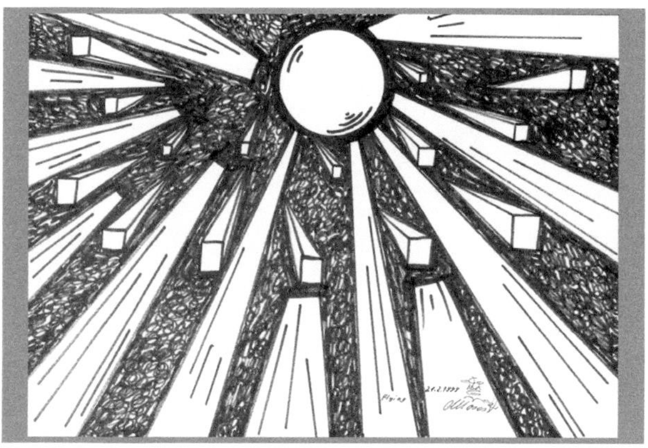
Flying